墨香财经学术文库

新制度经济学视角下我国综合行政执法改革研究

Research on China's Comprehensive Administrative Law Enforcement
Reform from the Perspective of New Institutional Economics

何海英　著

东北财经大学出版社　大连
Dongbei University of Finance & Economics Press

图书在版编目（CIP）数据

新制度经济学视角下我国综合行政执法改革研究 / 何海英著. —大连：东北财经大学出版社，2024.11

（墨香财经学术文库）

ISBN 978-7-5654-4992-5

Ⅰ.新…　Ⅱ.何…　Ⅲ.行政执法－改革－研究－中国　Ⅳ.D922.114

中国国家版本馆CIP数据核字〔2023〕第202078号

东北财经大学出版社出版发行

大连市黑石礁尖山街217号　邮政编码　116025

网　　　址:http://www.dufep.cn

读者信箱:dufep @ dufe.edu.cn

大连永盛印业有限公司印刷

幅面尺寸：170mm×240mm　字数：214千字　印张：15　插页：1

2024年11月第1版　　　2024年11月第1次印刷

责任编辑：李　彬　　　　责任校对：那　欣

封面设计：原　皓　　　　版式设计：原　皓

定价：78.00元

教育部社科基金规划项目"新公共管理视角下我国基层社会治理模式创新研究"（23YJA630030）、辽宁省决策咨询和新型智库研究课题项目"关于我省坚持和发展新时代'枫桥经验'的对策研究"、辽宁省教育厅基本科研项目（LJKMR20220622）、江西省人社厅择优项目（2021KY01）。

作者简介

何海英，男，1981 年生，管理学博士，江西财经大学工商管理博士后、东北财经大学公共管理博士后，沈阳理工大学教授、硕士研究生导师。兼任辽宁省省级重点新型智库首席专家、沈阳市委市政府决策咨询委员会特约研究员、沈阳公共经济与社会治理研究院负责人等。

前言

    城市管理是社会管理的一个重要组成部分，在中国加快城市化建设的进程中，综合行政执法应运而生。经过20余年的发展，综合行政执法在深化我国行政管理体制改革、促进我国社会综合治理发展、促进政府法治建设等方面取得比较显著的效果。但是，客观上也存在这样或那样的问题，如法治意识淡薄、越权执法、执法缺位、执法人员素质低、缺乏有效监督等。

    党的十八届三中全会通过的《中共中央关于全面深化改革若干重大问题的决定》指出要深化行政执法体制改革，包括整合执法主体和推进综合执法建设，着力解决权责交叉、多头执法问题，理顺城管执法体制，提高执法和服务水平。"十三五"规划提出要深化行政管理体制改革，加快政府职能转变，持续推进简政放权、放管结合，同时要优化服务，不断提高行政效能，激发全社会的创造力和市场活力。党的十九大以来，党中央、国务院对城市管理及行政体制改革提出了更详尽的要求。

    本书通过大量调研和文献整理，以新制度经济学为研究视角和理论基础，结合行政法治理论和公共治理理论编写。采用文献分析、比较研究、调查研究等方法进行深入研究。首先，论述了我国综合行政执法的发展历程和现状。其次，在对发达国家城市执法经验进行总结的基础上，提出对我国城市执法改革的启示。再次，对我国综合行政执法现状进行了实证分析，探讨了综合行政执法与我国行政效率的关系。最后，提出建立我国综合行政执法绩效考核体系和优化综合行政执法改革的对策建议。

本书共分为9章：第1章为绪论，主要对本书的研究背景、理论和现实意义、研究的目标与内容、方法与框架、创新之处进行阐述。第2章为文献综述，主要对新制度经济学、综合行政执法改革进行文献回顾和文献综述，并对相关研究作出了评述。第3章为相关理论，主要归纳了新制度经济学理论，包括交易费用理论、产权经济理论、契约与委托代理理论、制度变迁理论、"寻租"理论；行政法治理论，包括行政效率理论、行政效能理论；公共治理理论。第4章为我国综合行政执法的历史回顾与现状反思，主要介绍了我国综合行政执法发展历程、取得成就、现状与反思。第5章为我国综合行政执法改革的国际比较及启示，主要介绍了英美法系国家如美国、英国、新加坡，大陆法系国家如法国、德国、日本、韩国等国家的执法实践，以及对我国立法、执法机构与监督制度、公安与综合执法活动关系、执法程序、执法理念、高素质执法队伍、行政执法与市场关系的启示。第6章为我国综合行政执法现状的实证分析。对我国行政体制进行了剖析，解读改革政策，以案例的形式归纳出七个方面的问题，如综合行政执法立法有待加强、执法体制有待变革、执法理念有待提升、执法方式有待改进、执法监督机制有待健全、执法信息化有待增强、高素质执法队伍有待培养。第7章为我国综合行政执法绩效考核体系建立。分析了平衡计分卡用于绩效考核的可行性，确定了综合行政执法部门的战略目标，进而确定考核指标体系并进行设计。第8章为优化综合行政执法改革的对策建议。提出了七条有针对性、可执行的对策建议。第9章为结论与展望。介绍了本书的主要结论及政策建议，同时指出本书研究内容的局限性，以及对未来研究的展望。

本书提出的最终建议为：

第一，强化综合行政执法的立法工作，加快法治化政府建设。有关部门要建立和完善综合行政执法法律体系，合理界定城市管理综合行政执法职权范围，精简优化执法程序。

第二，构建合法合理的长效综合行政执法体制。政府继续推进大部制改革，实行综合行政执法，建立健全纵向横向执法联动机制和组织机制，科学划分行政执法管理权限。

第三，要建设服务型政府，树立健康执法理念。城管执法要树立法治观念、公共服务理念和以人为本理念。

第四，创新综合行政执法工作制度和执法方式。相关部门要加强公共政策环境分析和政策沟通，创新并完善综合行政执法内部工作制度，根据执法对象和事务构建行政执法方案和执法队伍，建立综合行政执法公众参与制度，健全综合行政执法网格化管理机制。

第五，要完善综合行政执法协作配合和监督管理。政府要健全综合行政执法协调指挥机制，完善综合行政执法协作配合机制，完善综合行政执法考核督查机制。

第六，要畅通综合行政执法信息共享渠道，加快健全城市"数字化"管理。加强信息化手段辅助支持综合执法，推进"互联网+综合行政执法"和"大数据+综合行政执法"，完善服务平台，建立健全城市"数字化"管理。

第七，要强化队伍建设，注重执法队伍形象。应全面提升城管执法人员执法素养，完善综合行政执法体制改革中人员保障等。

本书力争为我国综合行政执法改革提供新思路和新方法，在提高政府工作效率、加快服务型政府转型等方面发挥积极作用。

何海英

2024 年 5 月

目录

第1章　绪论

1.1　研究背景

（1）党中央、国务院对综合行政执法提出新的、具体的要求

党的十八届三中全会通过的《中共中央关于全面深化改革若干重大问题的决定》明确提出，"深化行政执法体制改革，整合执法主体，相对集中执法权，推进综合执法，着力解决权责交叉、多头执法问题，建立权责统一、权威高效的行政执法体制。""理顺城管执法体制，提高执法和服务水平"。这为深化行政执法体制改革提供了指引。党的十九大报告提出"推进依法行政，严格规范公正文明执法"，指出要统筹考虑执法机构的设置，强调配置问题在内设机构的作用，确立我国政府改革发展的方向；同时，明确提出要统筹使用各类编制资源，破解政府机构编制难题，使省级及以下地方政府拥有更多的自主权。"十三五"规划提出要深化行政管理体制改革，加快政府职能转变，持续推进简政放权、放管结合，提高行政效能。2016—2018年，李克强总理在每年的《政府工作报告》中

均提到推进综合行政执法改革，要求实施联合惩戒、加强社会监督。本书响应党中央、国务院的号召，为综合行政执法改革提出合理建议。

（2）综合行政执法得到社会各界的持续高度关注

经过20余年的发展，综合行政执法深化行政管理体制改革、促进社会综合治理、建设法治政府成效显著，并逐渐得到社会各界的高度关注，但同时也存在一些问题，有必要总结经验得失，继续把综合行政执法体制改革向前推进。综合行政执法的实践过程中蕴含着"制度变迁"，民众与执法部门的"委托-代理"关系，以及执法部门"寻租"等现象，而这些正是新制度经济学研究的范畴。本书运用新制度经济学的理论和方法为综合行政执法改革提供新的思路。

（3）综合行政执法过程中的突出问题和冲突持续存在

近年来，在综合行政执法过程中，偶见暴力执法致人受伤的案例，这在一定程度上暴露了综合行政执法过程中的矛盾冲突，即执法部门与群众之间的矛盾。综合行政执法一直备受舆论关注。相关资料显示，综合行政执法的体制在我国已基本建立，但也逐渐暴露出诸多问题，如执法不到位、不作为、乱作为，应付检查突击整治，吃拿卡要、以权谋私，监督举报机制不健全等。本书努力解决在执法过程中出现的突出问题。

（4）住房和城乡建设部成为综合行政执法新的主管部门

2015年底，党中央、国务院明确了住房和城乡建设部负责对全国城市管理工作进行指导与监督协调，积极推进地方各级政府城市管理事权法律化、规范化。综合行政执法长久以来缺乏主管部门导致诸多问题缠身的历史结束了。城市管理执法立法正在向着健康的方向发展。但综合行政执法体制建立过程中遗留的问题只能逐步完善，如体制和机制问题、具体办法和法律依据问题，以及队伍建设和协作关系问题。本书可以为全国各级住房和城乡建设部门提供管理意见和改革建议。

1.2　研究意义

综合行政执法作为一种执法实践活动，需要理论上的支撑和实践上的应用。研究综合行政执法改革，有助于丰富"制度变迁""委托-代理""寻租"

等新制度经济学理论的研究、丰富城市管理等相关理论，以及对完善我国综合行政执法、指导我国执法实践，都具有一定的理论意义和现实意义。

1.2.1　现实意义

从实践上看，对综合行政执法改革进行研究，扩展行政执法的视野，有利于建立全国综合行政执法制度、绩效考核和监督机制。

我国综合行政执法的执法方式偏于传统，过于单一，缺乏一定的科学性。随着公民参与意识、权利意识的不断增强，这种只依赖强制性的、权力性的传统执法方式显然无法适应高速发展的社会，需要进行更深层次的改革。本书从新制度经济学的视角出发，通过"制度变迁""委托-代理""寻租"等理论研究综合行政执法改革。同时，借鉴发达国家先进城市治理相关经验并结合我国实际情况，扩展了传统行政执法的研究视野。对于落实"深化行政执法体制改革"任务，实现建成法治政府的目标意义重大。本书对行政执法和执法体制的概念、当前行政执法的突出问题及问题产生的原因、推进综合行政执法部门绩效考核制度、深化综合行政执法改革的对策建议等的研究，都具有重要的现实意义。

1.2.2　理论意义

从理论意义上看，对综合行政执法改革进行研究，能够丰富和深化新制度经济学和城市管理等相关理论的研究。

我国综合行政执法取得了显著成绩，得到了包括理论界和实务界在内的全社会的普遍认同，但是我国综合行政执法依然存在问题。当前，从新制度经济学的角度研究综合行政执法改革问题的成果基本没有，在城市管理改革创新空前高涨的今天，综合行政执法的变革也处于风口浪尖。理论既是实践的基础，又是实践的保证，如果缺乏全面、系统的理论研究来指导，综合行政执法改革将无所适从。本书对新制度经济学和综合行政执法的研究就更凸显其意义。两者之间究竟是一种什么样的关系？如何找到两者的契合点？新制度经济学理论如何指导综合行政执法的改革？如何顺应社会管理的潮流？此类问题迫切需要得到解答。综合行政执法的改革不仅仅是实践性的改革，还是对城市管理等理论的进一步深化。通过对综合行政执法改革进行研究，能够丰富新制度经济学和城市管理等理论。

此外，本书作为对综合行政执法全面性、综合性的研究，可以为行政管理的主管部门——住房和城乡建设部以及其他相关部门在综合行政执法管理改革过程中提供管理建议。

1.3 研究内容和目标

1.3.1 研究内容

（1）新制度经济学视角下综合行政执法改革的分析框架设定研究

总结和分析国内外关于城市管理、行政执法等的相关研究，深入研究新制度经济学及其重要理论——交易费用、"委托-代理"、产权经济、制度变迁等理论与综合行政执法改革的关系。依据新制度经济学相关理论对城市管理行政执法进行理论分析，奠定本书的理论基础，为现状分析做充足的理论准备。

（2）新制度经济学视角下综合行政执法改革的问题及根源研究

我国综合行政执法现状具体表现在六个方面：一是执法缺位，有法不依，执法不严。很多该依照法律管理的事情政府缺位，执法不作为现象严重。二是执法不能常态化。在城市管理中，一些领域违法现象长期得不到及时纠正，对于群众反映强烈的问题，进行突击整治，但过后故态依旧。三是执法不公正，尺度随意性大。执法人员或违规办事，或乱作为，或选择性执法，或执法专横，或利用权力刁难当事人，吃拿卡要、以权谋私。四是执法职责重复或空白、互不衔接。一件事情多个部门管的现象在综合行政执法领域十分突出，容易造成各部门相互推诿。五是监督举报机制不健全。约束执法者行为的途径或渠道不明晰。六是法律不健全导致无法可依。

本书在理论分析的基础上，结合发达国家在城市管理行政执法中的经验和素材，尤其是对英国、美国、德国、日本等具有代表性国家的城市管理进行深入分析，分析城市管理行政执法取得的成效，并对城市行政执法改革过程中遇到的问题进行深入剖析，总结存在的核心问题及其主要原因，"对标"先进城市，进行借鉴和改进。

（3）基于平衡计分卡的综合行政执法考核指标体系研究

我国现有综合行政执法体制的问题体现在结构不科学、职能配置不合理、机制和执法程序不健全、执法的权责不清等方面。部分是考核指标不合理和不明确造成的。因此，在执法活动中，会存在依法办事难、守法成本高、人们依法办事意愿降低、执法的社会效果很不理想的现象。本书在对相关理论分析、借鉴国外先进经验基础上，提出基于平衡计分卡的绩效管理考核制度，建立适合我国自身特色的综合行政执法绩效考核指标体系。

（4）新制度经济学视角下综合行政执法的优化对策研究

综合行政执法存在诸多问题的背后，除了法律制度存在不健全不合理的情况之外，还有综合行政执法体制本身的缺陷。结合我国综合行政执法存在的问题，通过对相关理论分析，借鉴国外的先进经验，有针对性地提出优化城市管理行政执法改革的对策建议，推进综合行政执法的实践。

1.3.2　研究目标

（1）作为综合行政执法研究中较为全面的研究报告，为我国住房和城乡建设部等有关部门在改革过程中提供政策建议、管理建议和决策建议。

（2）制约综合行政执法管理过程中，主管部门的"违法乱纪""有法不依、执法不严"等不作为、乱作为的行为。以部分城市执法现状为案例，深入剖析内在原因，并给出建议。以此作为综合行政执法改革的实践依据。

（3）引导全国全面开展综合执法的改革工作，合理制定新时代中国特色综合行政执法考核指标体系。为各级城市管理综合执法部门的管理提供科学依据，促进管理理念和管理模式创新。

1.4　研究方法与框架

1.4.1　研究方法

（1）文献分析法：梳理国内外关于新制度经济学理论、城市管理相关理论和综合行政执法的相关文献，并对其进行归纳、分析和推理，为在新制度经济学视角下深入研究综合行政执法改革奠定基础。

（2）比较研究法：通过理论间的比较以及我国与发达国家城市管理的比较，总结出可供我国综合行政执法改革借鉴的成功经验，为我国综合行政执法改革提供依据。

（3）调查研究法：在新制度经济学理论指导下，对综合行政执法及其改革中的相关问题进行调查，为本书获取参考依据。通过调查，深入分析综合行政执法存在的问题，通过调查研究的方法对综合行政执法改革提出新绩效考核指标体系，并给出科学判断和对策建议。

1.4.2 研究框架

本书的技术路线图如图1-1所示。

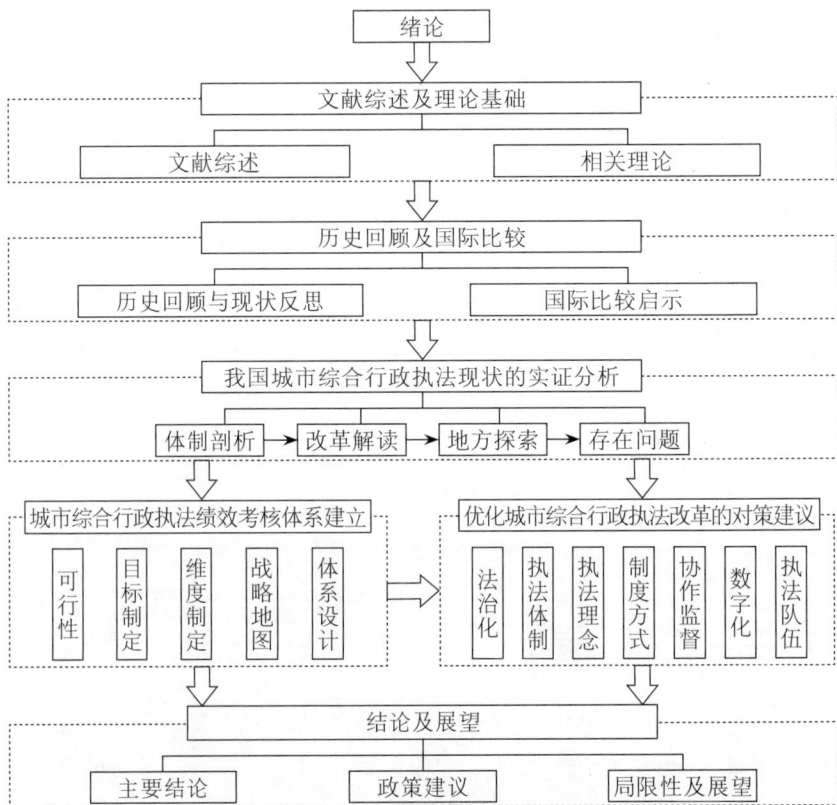

图1-1 本书的技术路线图

1.5　创新之处

（1）视角创新

与以往的研究不同，本书创新性地以新制度经济学为研究视角，从新制度经济学的角度对我国综合执法改革进行全面剖析和深入研究。这有利于更透彻地分析执法部门、行政相对人、第三方利益主体的本质以及相互关系，能更有针对性地提出改革的对策建议。

新制度经济学理论已被国内外学者认可，并深入不同的研究领域，但鲜有学者将新制度经济学理论引入到综合执法改革研究当中。本书引入新制度经济学的相关理论，并将其用于对我国综合执法改革的分析和指导，如利用交易费用理论提出如何降低执法成本；利用"委托-代理"理论定位执法部门的角色；利用寻租理论来约束执法过程中的"权钱交易"等。用新制度经济学的理论和方式来指引我国综合行政执法改革，这将开启我国综合执法改革理论研究的新领域。

（2）应用领域创新

在以往的研究中，鲜有学者将新制度经济学理论应用到我国综合行政执法改革领域当中，也少有学者为综合行政执法部门制定专门的绩效考核指标体系。本书在借鉴先进国家经验的基础上，针对我国综合行政执法过程中存在问题和实际情况，进行实证研究和比较研究，并创新地提出可实际应用于我国综合行政执法领域的绩效考核指标体系，以及制定执法改革的政策建议。

第2章 文献综述

2.1 新制度经济学的研究综述

新制度经济学为分析社会以及经济方面的相关问题提供了多样的制度分析方法，这些问题包括产权、制度与资源配置效率等。在人们行为预期的影响、公共决策的影响等方面的研究，新制度经济学提供了可以借鉴的研究方法。这也是我国行政体制改革实践和理论的需要。但新制度经济学有局限性，需要进一步解释和证实。在实践中，新制度经济学得到不断丰富和完善。

2.1.1 新制度经济学的概念

经济理论中以制度作为主要对象研究的是新制度经济学。多年的演变与发展后，新制度经济学现已成为西方经济学的理论支流，而且影响力深远。它发端于罗纳德·科斯的交易成本理论。新制度经济学遵循新古典学派的传统分析工具，同时，创新制度分析方法，将制度因素内化，具体考察制度因素与经济发展的关系，以及对其的影响。新制度经济学不断发展和壮大，其首要影响就是指明了当代经济学的发展方向，指明了当代经济学新理论进步的发展模式，对当今学术界有着正面且深远的影响。新制度经济学有利于正确认识和科学评价西方经济学的前沿问题，以及积极借鉴外国经济理论，对于我国经济学研究的发展以及行政体制的改革都有不可估量的重要意义。

2.1.2 国外学者对新制度经济学的研究

20世纪60、70年代，新制度经济学开始兴起。其开端是科斯的《企业的性质》和《社会成本问题》。在经济学家的推动下，以诺斯、德姆赛茨、威廉姆森为代表，新制度经济学后来成为以制度和产权为主要研究对象的新的经济学。它致力于考察和分析现实问题，理论体系也在不断完善，因此，新制度经济学正被广泛应用和不断拓展。

（1）关于产权理论的研究

现在产权理论的建立以科斯的《企业的性质》和《联邦通信委员会》为标志。若存在交易成本，那么产权制度对生产和资源配置的影响，则是其研究的核心。产权制度可以描述为一系列经济和社会关系，用来确定每个人对稀缺资源的使用状况。科斯认为，两者都可以通过产权的界定，来实现资源最优配置的状态。资产所有者有权采取某些行动，而这些权利是一定的而不是无限的，这称为产权。使用产权会带来收益，同时也会带来成本。

（2）关于交易费用理论的研究

科斯于1937年提出"交易费用"概念后，在其他领域，"交易费用"越来越多地得到使用。在《制度变迁与美国经济增长》和《西方世界的兴起》中，诺斯指出制度变迁的产生开创了制度变迁理论，它取决于制度与各种组织之间的互动，强调制度创新是经济发展的主要原因和决定条件。在科斯的交易费用思想的基础上，经济学家威廉姆森等人建立起交易费用完整的理论体系。在政治、法律等领域，"交易费用"已被广泛应用，有着重要的意义。

（3）关于企业理论的研究

就企业理论问题而言，科斯认为，市场机制和企业之间可以相互替代，它们都是一种配置资源的手段。交易成本的比较决定了要采用哪种配置资源的方式。市场机制的运行存在某些成本，当然市场运行成本也是可以降低的。交易成本的节约是企业生存和替代市场机制的唯一推动力。不少学者对此看法一致。

（4）关于制度变迁理论的研究

诺斯（2008）认为，经济人期望获得最大的潜在利润是制度变迁的诱导因素。当外部性、规模经济、风险和交易成本所引起的潜在收入增加时，均衡的制度形成制度的非均衡，使制度变迁的收益大于成本，制度变迁就会产生，进而形成新的均衡。他认为，一个国家经济和社会进步与发展必须以制度作为基础。对于制度的变迁理论，学者们基本上都侧重研究制度变迁的模式、路径依赖及制度创新等问题。有学者认为制度变迁理论集中研究制度效率和制度变迁的关系。

2.1.3　国内学者对新制度经济学的研究

国内学者对制度经济学的研究始于对交易费用、制度变迁的理解与界定。1995 年，汪丁丁提出在经济分析中引入交易费用。2008 年，张五常认为交易成本是"一系列制度成本，包括信息成本、谈判成本、拟定和实施契约的成本、界定和控制产权的成本、监督管理的成本和制度结构变化的成本"。2008 年，卢现祥认为制度变迁主要由四个因素共同决定。2016 年，莫志宏比较科斯和张五常的思想，发现"到底采用交易成本还是制度费用的概念""企业是否应该被视为契约的连接还是认为是对市场合约的替代"，这些分歧使科斯和张五常在所有重大的问题上表现出不同观点。

国内外学者对新制度经济学的研究成果，主要集中于交易费用理论和制度变迁理论两大核心理论的应用上，对两大理论综合性运用与分析较少。其研究成果侧重区域经济发展与合作方面的研究，一般集中于分析理论的运用。同时，国内学者对我国行政体制改革的研究也多从一般视角来进行研究。基于新制度经济学视角，新制度经济学理论对综合行政执法改革进行分析和指导可以解决实际问题，本书开展研究工作，具有创新性和实践性。

2.2　综合行政执法改革的研究综述

2.2.1　综合行政执法的概念

综合行政执法是指行政主体根据行政执法程序和有关法律、法规，对事件处理，且直接影响个人权利和义务的具体行政法律行为，是指国家行政机关实施宪法、法律、行政法规，或者在执行国际条约过程中采取的具体措施和步骤，是为了确保行政法规的有效实施，以及针对特定人员和特定事件采取的具体行政行为。《中华人民共和国行政处罚法》（以下简称《行政处罚法》）颁布于1996年，之后相继开展了"相对集中行政处罚权"试运作工作，中国的行政执法最先从这里开始。2002年，综合执法试点工作正式启动，依据《关于清理整顿行政执法队伍实行综合行政执法试点工作的意见》，国务院决定在多个省、自治区、直辖市开展试点工作。行政执法主要涉及领域包括城市管理、资源环境管理、文化市场管理、农业管理、交通运输管理等，重点解决多头执法、重复执法、执法扰民、执法队伍膨胀等问题。

2.2.2　国外学者对综合行政执法的研究

20世纪50年代初，发达国家开始从不同的学科和角度研究行政执法。当时，发达国家掀起了一场以市场为导向的公共行政改革浪潮，改变了传统的国家治理方式，淡化了行政管理手段的强制性，行政活动多体现出民主、协商的品格，从中体现行政主体与行政相对人相互服务与合作、信任与沟通的精神。

（1）关于城市管理主体的研究

公民是城市的主体，是城市管理的主体。不同的地区，在城市管理主体中也产生不同的表现。管理者的不同是因为起源阶段的主要功能不同。一些学者认为，由于欧洲城市主要从事商业活动，承担了贸易职能，因此主要管理者以商人、工匠或行业协会为主。20世纪90年代，一些学者认识到城市管理主体的变化，看到社会组织和私人部门在城市管理中的作用越来越重要。理查德·博克斯和萨瓦斯从两方面分别阐述了变迁城市管理主体的意义：提升公民参与，并且公共服务要由政府垄断。

（2）关于行政执法的研究

每个人都在美国反歧视立法的行政执法中获得平等待遇的权利，在1961年就有学者关注到这一点。罗伯特·杰克逊发现，为了保护法律所保障的个人隐私，执法权力应当分配给美国法院和美国联邦贸易委员会。从功能主义的视角出发，雷纳托·纳齐尼通过行政执法、司法审查和欧盟竞争法的基本权利之间的比较，分析了两级竞争执法制度与欧盟有效的司法保护法的相容性。

2.2.3　国内学者对综合行政执法的研究

行政执法有关的研究在我国开展较晚，目前尚未有专题针对综合行政执法的相关专著出版，国内学者大多从公共管理、执法行政程序管理和依法依规行政的视角对行政执法方式的改革进行研究，其研究内容主要是综合行政执法存在的问题、对策和改革建议。

针对我国综合行政执法所暴露的各类问题，国内学者研究后进行了分类。有学者认为执法主体的地位不明确、人员组成混乱、执法范围模糊。还有学者指出中国行政执法存在信任危机，解决好被动性与功利性两大顽疾有助于化解信任危机。我国综合行政执法时不时地成为社会焦点新闻。综合行政执法除了存在执法效率低下、暴力执法等问题外，还存在执法腐败问题。王一品（2014）认为，暴力执法是执法人员法律观念不健全、上级领导不重视、暴力反抗、监督不力等问题造成的。陶建群和张晓（2017）通过案例形式，对基层执法领域失职问题进行了研究。复杂的执法环境引发冲突、过度的自由裁量权、监督防范机制不健全等是主要的原因。

2.3 对相关研究的评述

综上，有关行政执法的问题，一些学者已经进行了探索。同时，我们也注意到，有关行政执法的动态研究较少，静态研究相对较多。大部分学者进行研究的角度有两种：行政执法的内涵和行政执法的配置。关注行政执法是什么，但对其有效性进行专门研究的很少，这也是本书的创新点之一。内部执法和外部执法都属于综合行政执法的范畴。综合行政执法的分配属于静态行政执法的配置，行政执法有三种分配形式：在中央政府与地方政府之间的分配、在综合行政执法主管部门与相关政府部门之间的分配、在综合行政执法部门与事业单位之间的分配。动态的行政执法权力的行使，是指行政部门在综合行政执法管理中使用权力的行为。行政执法的外部关系属于外部层面，也就是行政执法与其他行政权之间、行政执法与社会之间的关系。目前在中国很少有对行政执法有效性的专门讨论，更缺少以综合分析视角对行政执法机构内部与行政执法机构外部关系进行的研究，也没有对行政执法机制做出全面的论述。我们对中国社会现实问题进行探讨，并以行政执法的理论为基础，对行政执法如何开展进行简要分析，探讨行政执法运行机制、有效性，这就是本论文的现实意义。在行政执法过程中，合理配置是行政执法的前提，如何行使是行政执法的关键，有效监督是行政执法公平公正的重要保障。本书从动态行政执法的角度分析行政执法有效性问题，从法治的视角提出相应对策以改善和提高行政执法的可操作性，为改革与创新行政执法尽绵薄之力。

2.4 本章小结

本章介绍了两个概念：新制度经济学和综合行政执法，以及目前国内外学者对新制度经济学和综合行政执法这两个概念的研究，并对此进行了评论和阐述。通过阅读相关资料得知，之前的国内外学者们对于综合行政执法改革的研究主要有三个方面：一是政府职能的转变，构建

"服务型政府";二是依法行政、推进法治政府建设;三是构建和谐社会。总之,对其尚未形成系统研究。当前还未有学者对其进行过专题性研究,从新制度经济学视角出发来探讨综合行政执法的变革和创新问题。大部分学者未深入社会基础层面,缺乏对综合行政执法原则与宗旨和衡量的标准,只是从依法行政、法治建设等角度来进行探讨。因此,在此基础上,本书着重探讨如何从新制度经济学角度研究综合行政执法改革创新这个现实性问题。

第3章 相关理论

3.1 新制度经济学理论

经济学中存在两个"新制度经济学"概念：一是现代制度学派，是20世纪50年代发展起来的，以加尔布雷斯为代表；二是当代制度学派，是20世纪70年代起逐渐发展壮大的，代表人物为科斯、诺斯、威廉姆森，该学派的研究也称"新制度经济学"。这是两种不同的制度学派。

新制度经济学的主要内容是运用经济学知识研究制度现象并将主流经济学的分析方法运用于制度分析中。新制度经济学与旧制度学派经济学和现代制度经济学有本质区别，是新自由主义思想的一支，是近年来发展迅速的一门经济学分支学科。但新制度经济学与主流经济学也存在本质差别，主要体现在研究领域和研究对象的不同。

正如科斯所说，现代制度经济学的特征是其追求的问题是由现实世界所提出的。新制度经济学的主体是制度本身，主要涉及制度与经济绩效的关系，制度的起源、形成与变化，新制度经济学主要研究机构与经济发展的关系，以及产权制度、公司制度与政府制度等问题。

在分析制度的起源时，新制度经济学通常运用博弈论和交易成本的概念，以及重复博弈的囚徒困境模型，从而证明该制度中人的平衡。其中交易成本是各种制度形成和存在的原因。

经济学理论体系得以建立的理论起点和逻辑前提是经济学的基本假设。新制度经济学的基本假设补充和修正了新古典经济学的不足。新制度经济学由六个基本假设组成：第一个假设是"经济人"假设。"经济人"假设是将人们抽象为一个整体，他们专注于自身利益，盲目追求个人利益，剥夺他人作为社会存在的其他特征。所有的人类行为都是为了避免自身利益受损，寻求自身经济利益的最大化。第二个假设是"资源稀缺"假设。与人们的无限需求相比，大多数资源都是稀缺的。经济学研究的主要问题是如何分配和充分利用稀缺资源。第三个假设是"不确定性"与"复杂性"假设。"不确定性"是指在引入时间因素后，事物属性和状态的不可预测性。"复杂性"是指静态条件下事物属性和状态的变异性。第四个假设是"非完全竞争市场"假设。由于产品的不同属性，在不完全竞争的市场中，个体卖家有能力在一定程度上控制某一行业的产品价格。那么，行业障碍就会导致制造商进出特定行业要支付相应的经济成本。第五个假设是"有限理性"假设。也就是说，人类存在合理限制，受到环境的不确定性和复杂性以及交易成本的不确定性的约束。第六个假设是"交易费用为正"假设。交易费用是指交易成本、谈判花费的时间，包括关税在内的各种税收等，以及市场经济交换中发生的其他费用。这个假设是上述假设的组合，是基于逻辑推理得出的不可避免的结果。

3.1.1　交易费用理论

"交易"的概念长期存在于正统经济学中，是一个微观概念。制度经济学代表人物康芒斯拓展了"交易"的概念，将其与正统经济学中推广的"生产"的概念进行了对应。他把人对自然的活动定义为"生产"，把人对人的活动定义为"交易"，并把"生产"和"交易"称作人类的经济活动。他将"交易"分为三种类型：一是管理交易，也就是上下级之间的命令及执行；二是买卖交易，也就是人们之间互相交换；三是限额交易，指的是政府与私人之间。这三种"交易"包含了人类所有的经济活动。广义的"交易"挖掘出了人类忽略的事情，例如上级命令、市场买卖以及国家税收。不同的经济体系只不过是管理交易、买卖交易、限额交易的组合。例如，市场经济中的主要交易是买卖交易，次要交易是管理交易；计划经济中的主要交易是管理交易，次要交易是买卖交易，而限额交易存在于两种经济体系当中。

新制度经济学概念的核心范畴是"交易费用"。科斯在《企业的性质》一文中首次提到了"交易成本"的概念，他通过交易成本理论，阐释了产权安排和资源配置效率之间的关系。他指出，首先，无论是市场运作还是价格机制都是有成本的；其次，企业的存在和扩张与交易成本水平是息息相关的；再次，企业的规模大小、组织的交易成本高低与公开市场的交易成本高低有关；最后，市场行为可以变成企业内部行为，即产品交易合同或"一些短期合同的长期合同"和"基本交易合同"可以大幅度降低交易的成本，同时优化了资源分配。道格拉斯·诺斯认为，"人类社会和经济发展的历史是不断产生新的制度演进的结果，这些演进降低了交易成本"。

交易成本的概念将人们的注意力从一个完美的世界转移到现实的世界中。如今，"交易费用"的概念得到了越来越多的使用，它不仅可以作为一个范畴，也可以作为一种新的经济分析方法。使用交易费用法来解释许多经济问题和经济理论问题时，往往能得到令人满意且耳目一新的结果。"交易费用"的范畴在新制度经济学的创造性提出之后，为深化产权研究和其他问题提供了新的视角。

3.1.2 产权经济理论

产权经济学主要研究三方面之间的关系，即产权、激励、经济行为。尤其是研究不同的产权结构对"收入-报酬"体系和资源配置的影响，重点研究产权在经济交易过程中的地位和作用。该领域的经典论文是科斯于1960年发表的《社会成本问题》一文。阿尔钦和德姆塞茨对产权的定义和功能进行了重新界定，两人做了三方面研究：首先，分析了不同产权结构与效率的关系；其次，分析了导致产权结构变化的原因；最后，对企业产权结构进行了深入分析。从经济学角度分析，产权是指行为关系，这种行为关系是物在使用中所引起的相互接受的关系，而不是指一般的物理实体。产权解释了人们是如何从经济活动中获益和受害的，以及他们如何相互补偿的。因此，一方在与其他人交易时，产权能帮助其达到预期。

产权包括以下几方面内容：一是资源的使用权，二是资源的转让权，三是因转让所带来的收益权。所有者的排他性和可转让性决定了权利是否完整。假设所有者拥有专有权、独家使用权、免费转让权等权利，那么就可以说他们拥有全部权利。反之，产权的残缺就是指这些权利受到了限制或禁止。上述权利界定分别交给不同的行动团体，就产生了所谓的共同产权、私有产权和国有产权。如果资源的使用、转让收入都归同一人，那么这个产权就是私有产权。私有产权可以与其他有权利的物品进行交换，也可以通过合约将转让给其他人，使用这样的权利不应该受到限制。共同产权即共同体的每一个成员都可以分享这些权利，这就排除了外部成员对内部成员行使权力进行干涉。国有产权意味着这些权利属于国家所有，然后由国家根据可接受的政治程序来决定谁来使用权利。

从经济方面来看，产权结构的效率高低主要取决于它是否能激励受其控制的人，把外部性转化为内在的激励。在共同产权下，每个社区的成员都有分享共同体的权利。如果使用常见的权利监测和谈判的成本不是零，他追求个人价值的最大化的成本可能是由共同体的其他成员共同承担。共同权利的所有人不能排斥团队内部其他人分享其成果，协商所有成员的成本可能会很高，因此产生了较大的外部性。国有产权是由代理人来行使权利，并将使用权利、转移资源权利和分配国有权利不完全授权于某一代理人。这样会使该代理人在经济效益或监督其他成员方面的激励作用减少。由于监督的成本较高，并且行使国家权力的实体通常会为了追求政治利益，而忽略利润的最大化，所以选择代理人时也通常倾向于考虑政治利益而不是经济利益，因此国有产权的外部性也很大。相比之下，私有财产的所有人只考虑成本和预期收益，因此会有效配置资源，以实现私有权利的最大化。他们为了获得利益而付出的代价只能由自己承担。与共同产权和国有产权不同的是，在私有产权下，许多外部性被内在化了，同时也达到了资源优化配置的目的。

科斯认为，产权理论的应用成功地解释了土地租赁制度以及企业的性质的演变。然而，它无法量化并将其视野扩大到私有制外的所有制研究，因此这一理论的传播和应用受到了很大的影响。

3.1.3　契约理论与"委托-代理"理论

契约理论是要解决各方之间因产权分解所引发的问题，也就是稳定和增加价值的能力。财产不一定属于财产的所有者，能够使财产稳定并增加价值的人不一定拥有财产。因此，存在"两权分离"的情况。我们也将"委托-代理"理论称为契约理论。

"团队生产"理论是由阿尔钦和德姆塞茨在20世纪60年代提出的。寻找代理人的原因是存在大量的现代企业公司。20世纪70年代，团队活动成为现代企业生产的主要表现。委托人无法过度地关注个人的能力和努力，为了防止最大化个人的自身利益和机会主义行为，企业设立了团队生产主管。但是，进行有效监督的前提是必须有足够多的可观察信息。假设不是委托人本人主管，而是委托他人来监督，则要考虑是否有足够的激励来支持监督行为的实施。关键问题有以下几点：第一，如何获得足够的信息来实施监督；第二，如何处理无法获取信息的情况。一般来说，人们在互动社会中博弈，博弈当事人掌握的信息不对称，比如，政府和纳税人、老板和雇员（股东和经理人）、保险公司和投保人、卖家和买家等，双方拥有的信息不对称，总会有一方拥有更多信息。比如，在雇佣过程中，老板很难发现员工的实际能力和努力程度；在税收上，政府没有足够的资源和信息去甄别纳税人的能力；在保险中，保险公司无法确切知道投保者的现有健康状况。那么，出于利益最大化的动机，拥有更多信息的优势者与拥有较少信息的劣势者在利益方面就可能发生冲突，优势者会选择隐瞒信息或行为。经济学中分别称信息劣势者和信息优势者为委托人和代理人。想实现"双赢"，需要设计具有相容性的激励机制，这就要通过信息经济学和博弈论来实现。普遍认为，新制度经济学的微观基础是信息经济学和博弈论。

3.1.4　制度变迁理论

说到制度变迁理论，以诺斯为首的新经济史学派开创了独具一格的研究。他们将对历史有影响的一些涉及制度方面的重要变量运用到既有模型当中，再通过这些变量解释历史事实。

诺斯提出，应该把制度划分为制度安排和制度环境两个方面。制度环境是"用来确立生产、交换与分配的一系列基本社会、法律和政治规则"；制度安排是"对经济单位合作与竞争方式支配的规则"。经济单位有正式的也有非正式的，它既可能是自愿进行合作的一个团体，也可能是个人，或者是政府的安排。制度安排的创新是由外部变化引起的利润变化而形成的。出于经济规模的要求，风险厌恶、市场失灵和政治压力等外部风险将显现，无法在现有制度结构中实现潜在的外部利润。因此，某些人在原有制度下，想要获得潜在利润，就要先解决这些障碍。

制度变迁艰难曲折，耗时长，原因是发现潜在获利机会和创新安排之间存在滞后。造成滞后性的原因有以下几个：首先是从外部利润的识别到组织团体创新需要时间；其次是从选择最佳安排到实际经营需要时间；再次是从实现利润最大化到创新者满意需要时间；最后是将外部利润内部化的技术发明需要时间。

林毅夫认为有两种不同类型的制度变迁：强制性变革和诱导变革。诱导变革是指一群人为应对不平衡制度带来的利润机会而发生的自发变化；强制性变革是政府颁布法令带来的变迁。林毅夫对国家的认知是完成国家统治者行为的过程。如果统治者的预期收益高于强制推行制度变迁的预期费用，他就会采取行动来减少制度不均衡。也就是说，统治者只有在以下情况下才会采取行动来弥补制度创新的供给不足：按税收净收入、政治支持以及其他进入统治者效用函数的商品来衡量，强制推行一种新制度安排的预计边际收益等于统治者预计的边际费用。理性的限度、统治者的偏好、官僚政治、群体利益冲突和社会科学知识的局限等原因会导致制度变迁威胁统治者的生存或者降低统治者的效用，进而导致国家制度的无效率。对于无效的制度安排，国家应采取行动消除，避免其成为失败的政策。

3.1.5 "寻租"理论

新古典理论过分强调市场自由化，发展中国家的异化一直存在于这一过程中，例如资本和权利交易腐败，也就是"租赁"和"寻租"。对于这些问题，美国经济学家克鲁格曼和布坎南提出了"寻租"理论。

"寻租"是指所有者或经理垄断某一生产要素，他们可以获得超过要素机会成本的盈余。寻租现象是由政府对市场行为的限制，即由"租赁"引起的。

"寻租"理论使传统经济学的研究向前迈出了一大步，表现在以下四个方面：一是经济研究的扩展，从生产性"利润"到非生产性"寻租"。二是"内生"政府行为，政府可以弥补"市场失灵"，并带来"寻租"。三是区分两种类型的"竞争"，即"寻租"竞争和"寻找利润"竞争。"寻租"竞争对社会有害，而"寻求利润"竞争对社会有利。四是论证"寻租"制度是如何产生的。"寻租"制度产生的根本原因在于集中制的暗箱操作。

3.2 行政法治理论

行政执法的有效性基于以下相关理论：行政法治理论、行政效率理论、行政效能理论，公共治理理论。分析综合行政执法改革之前，有必要梳理执法法治理论，从理论上指导我们的研究工作。

3.2.1 行政法治理论

综合行政执法是法治的从属概念。行政法治源于行政权力的自发扩张以及必要调节。对行政权力的必要控制和有效压制是行政法治的基本内容。日本著名法学家南博方认为行政法治原则包括三点内容：

（1）法律的保留。要求行政活动必须有立法机构制定的法律根据。至于是否要求一切行政行为都须有法律依据，日本学者观点不一，南博方的观点是无论侵益行政还是受益行政，在行政有首次性法律适用权时，都应该有法律依据，这也是多数日本学者所持有的看法。

（2）法律的优先。要求一切行政活动都不得违反法律，且行政措施不得在事实上废止、变更法律。

（3）司法审查。要求行政法上的一切纠纷均服从司法法院审判的统制。

宪法和行政法的基本原则更倾向于对中国学术界行政法治理解的研究。有学者提出，规范行政权力是行政法治的核心，行政法实施的法治前提是反映在法治和宪政两个不同层面的。也有学者总结出最终实现行政法治的若干标准：一是要求政府按照法律规定执行；二是强调行政程序法治化；三是规定政府权力无效；四是要注意行政的社会效益；五是实施行政社会救济。依照法治定义的基本属性，行政法治的基本要求是"严格遵守已经建立和有效"的法律，这也是"法律所规定的"。法律必须是具有属性良好的法律，行政管理应受法律管制，行政权力的获得和运作应基于现行法律。

行政法治的基本概念告诉我们，行政执法的有效性可以作为本书的理论指导，为研究综合行政执法的有效性提供理论依据，包括公共行政、法治行政和程序行政。

首先是公共行政。孙德武提出，行政管理是国家权力运作产生特定社会现象的过程，属于公共权力范畴。立法权和司法权等其他国家权力一样，行政权力也是国家权力之一。人民参与、监督、管理是维护行政权力公共性的根本保证。行政腐败意味国家权力背叛人民，偏离行政权力。这是第一个行政概念。其次是法治行政。有学者认为，行政管理是国家行政权力依法进行的管理。行政权力的运作符合法律要求是法治行政的一般标准。法律对行政管理具有绝对权威和权力，包括自律权和法律保留权。徐联东指出，行政程序是行政权力接受或承受外部力量影响的过程。法治行政哲学强调管理和影响行政过程的若干因素包括人的因素、权力和法律。我们必须注意并突出法律的地位。与其他因素相比，法律具有优先或最高地位的绝对权威，是行政判断和选择的基本标准，是行政管理的基本概念。最后是程序行政。行政权力的过程是由程序构建的，是权力的运作过程和权力运作的结果。换句话说，程序管理应该是管理的关键概念。更重要的是，程序也有独立的价值，以及应遵循民主、正义和效率的三原则。

公共行政、法治行政和程序行政都显示出现代政府应从不同方面具备的基本属性。它们需要相互配合，形成共同的精神力量。

法治的基本原则包括四个方面，即立法与执法平等、权力与权利平衡、合法性与合理性平衡、公平和效率协调。

立法与执法平等原则指"法律面前人人平等"，这是世界各国的基本原则。首先，它体现在立法前，"所有公民有参加的直接法律的制定或通过其代表的权利"，法律是国家意志和人民群众利益的集中体现。其次，它反映综合行政执法面前每个人都是平等的，适用于所有人。坚持立法与执法平等原则意味着实施法律的职能机构能够平等地尊重权利并消除歧视。

法治的主要目的是处理权力与权利之间的关系，这是权力与权利平衡原则的体现。关键在于处理好权威与自由之间的关系，而不是用权威来侵犯自由或者用自由伤害权威。权力与权利平衡原则是互相尊重，互为制约，为促进权力和权利寻求平衡点。无论是在立法过程中，还是在执法实践过程中，都应该保持权力与权利的平衡。

合法性与合理性平衡原则。依法行政强调政府的效率，并倡导人文精神。政府应坚持行政法治和实践理性的基本原则，使管理尽可能地合理。因此，要不断深化行政法治改革，加快依法治国的脚步，处理好两者关系，贯彻依法行政，这样可以更好地体现合理性和合法性的本质属性。

公平和效率一直是人类追寻的目标。公平与效率一样具有重要的价值，这就是公平与效率协调的原则。在行政过程中，我们应该引导平衡与和谐。公平与效率价值追求基于特定的某一时期和具体阶段的需要，以保持可持续的社会经济发展为原则，给予公平或效率适度合理的倾斜。

本书以行政法治理论为指导，特别强调在综合行政执法实践中考查整合程度，合理性与程序的整合程度，并在公平高效原则的基础上提出相关建议。

3.2.2　行政效率理论

管理活动一般以提高效率为目标，通过合理配置有限的资源和协调行政管理的运作过程，获得更多的收益。在实现行政目标的过程中，行政机构试图以最少的资源和最快的速度实现最终目标。行政效率是否能够得到充分提高是衡量行政权力运行情况的主要标准之一，这也是比较科学的标准。改善和提高行政执法有效性具有重要的现实意义，同时提高行政效率也是目前我国行政体制改革的主要目标。

行政效率是衡量行政管理活动实效性的标准之一，指行政活动的结果或产出与财力、人力、物力和其他因素消耗的比率。行政管理活动的目标是最大限度地提高行政效率。影响行政效率的因素主要有用权是否符合法律，权力是否得到适当使用，权力是否符合法律要求等。此外，行政机关工作人员协调和团结与否也会影响行政效率；社会效益与人力、物力、财力和时间消耗程度也可以用于衡量行政效率水平。衡量行政效率的因素包括社会效应和规范化标准。另外，行政活动的产出与投入之间的比率也是评估行政效率的标准。有学者认为，提高行政效率是为给经济社会带来收益。因此，行政效率是一个技术指标，可以通过比较来进行量化，从而实现对行政效率的衡量。

综合行政执法是一项行政层面的管理活动。综合行政执法的目标是实现行政层面的执法，执法效率是衡量整个综合行政执法过程的重要标准之一。行政效率理论在一定程度上提供了思考、界定与解读行政执法有效性的方式。

3.2.3　行政效能理论

美国著名行政学家赫伯特·西蒙首先提出了行政效率这个问题。他指出，要提高行政效能，必须有高水平的政策、优秀的知识和操作技能，能够挑选正确的行政目标更是关键因素。在我国行政管理实践中，追求效率已成为行政管理的重要原则。

提高行政效率的目的是以最小的投入达到最佳的工作目标，即行政机构尽量投入较少的行政资源来达到"帕累托最优状态"。行政有效性包括两方面，即行政的绩效和能力。行政绩效反映在经济、行政效率和有效性上。行政能力是指行政机关提供公共物品、服务和管理公共事务的能力，包括提供政策的能力、提供管理的能力、提供服务和自我控制的能力。管理效率和行政效率有不同的基本概念：管理效率是管理层在一定时期投入的工作量与最终工作的成果的比较；行政效率只是反映出行政行为的完成速度，并不反映完成的质量。行政效能既包括行政效率，又包括行政质量，还包括评价及时性、行政效果和行政效益。行政活动方向与行政目标一致时行政效率与行政效能成正比，行政活动方向与行政目标不一致时，行政效率与行政效能成反比。

3.3　公共治理理论

20世纪末以来，发达国家的政府管理发生了很大变化，从"执政"转变为"治理"，强调企业、市场以及各种民间组织在政府管理中的作用。大家普遍认为，从20世纪50年后期开始，随着对公共治理研究如火如荼地进行，"公共治理"这一专有名词逐渐被学术界采用。普遍来看，公共治理这一概念相当于公共行政。由于受到学术界的普遍关注，公共治理理论现已成为社科领域的前沿理论。公共治理理论鼓励通过民间组织的发展和参与来进行社会公共事务治理，鼓励通过国家或社会组织的存在与互动，来打破国家与社会对立的传统思想。

目前学术界还没有形成一个统一的概念来界定公共治理。一般来说，"权力的使用"属于治理范畴，权力与管理从来都是紧密相关的。治理关注制度内在的本质与目标，推动社会的整合与认同，强调组织的延续性、适用性以及服务性职能。治理包括诸多方面，例如控制战略发展方向、有效利用现有资源、协调社会经济和文化发展、防止外部性产生、满足人们需求服务等。詹姆斯·罗西瑙认为治理是管理机制领域的一系列活动。

在诸多治理的定义当中，全球治理委员会在全球伙伴关系研究中对治理的定义是最具权威性和代表性的，其指出治理分为私人的和公共的。私人和机构共同管理多种类型的事务。这是一个持续不断地协调和针对不同的利益或冲突采取联合行动的过程。这包括人们同意或相信符合他们利益的非正式制度安排，以及有权强迫人民的正式制度和规则。治理有四个特征：治理是持续的互动，而不是一个固定的系统；治理是一个过程，而不是一套规则或者活动；治理涉及公共和私营两个部门，不是单一涉及某一个部门；治理过程的基础是协调，而不是控制。

俞可平对治理的定义是利用公共权力来维持秩序，以满足公众的需求。其主要机构是私人公共管理组织及政府部门。治理的目的是通过权力来控制、规范、指导公民的行为和活动，从而增强社会公共利益。治理是一种公共管理活动及全过程，包括必要的治理机制、公共权力、治理方法和管理规则。

关于公共治理理论的研究，学术界有较多观点，内容也较为复杂。公共治理理论典型的代表人物是格里·斯托克。他在研究公共治理理论后，提出了五个主要思想：第一，治理的主体不仅限于政府，而是包含来自政府之外的社会公众行动者或机构；第二，治理在社会和经济问题的界限和责任方面寻求解决方案的模糊性；第三，治理肯定了参与集体行为的各种公共机构之间的权力是相互依赖的；第四，治理标志着办事能力并不仅仅限于政府发号施令的权力；第五，治理代表着最终由此产生的自治网络的所有参与者。

公共治理理论指出，除政府外，治理的主体还包括各种社会组织和个人；治理主体包括实际生产和生活中的所有事项和活动；它除了传统的政府强制手段外，还强调自愿和平等的合作；它主张转移权力来引导、控制和规范公民活动，促进公共利益。

第一，治理主体的多样化。除政府外，只要公众认可，所有公共和私营部门都可以成为社会治理的主体。第二，责任主体定义存在模糊性。除政府外，治理机构还包括各类组织和个人，如各类民间组织、公共组织、非营利组织、私人组织、科研学术团体、行业协会和个人等。第三，主体之间权力的关系比较复杂，既存在相互依赖，又存在相互制约。由于组织之间的权力相互依赖，治理已成为建立各种合作伙伴权力依赖的互动过程。第四，治理是网络模式的。它们之间的权力依赖和伙伴关系形成了一个自主的关系网络，这就要求各种治理主体要通过对话来增进彼此了解，依靠自身优势而放弃自己的部分权力，最终建立公共事务管理机构。第五，重新界定政府行为的方式和范畴。由于当前公众政府不适应发展现状，因此重新定义政府的作用和行动的范围是必要的。以上五点是公共治理理论的五个基本特征。

公共治理理论的创新举措：与传统公共行政学相比，公共治理理论创新之处及其借鉴意义在于：第一，它改变了传统思维的二分法，打破了政治国家与民间社会的界限，打破了公共部门和私营部门的界限，打破了民族国家和国际社会的界限，也打破了市场和规划之间界限。公共治理理论将有效管理视为一个合作过程，强调合作管理。第二，公民社会和政府的法律权力相同，具有同样的法律效力，政府不是唯一的法律权力机关。第三，通过治理，可以实现当代民主化。第四，社会组织和个人具有责任感和道德感，不仅仅是追求自身利益最大化的"经济人"。他们有服务的动机，这里的服务包括对社会、对他人和对自己。他们倡导社会公共管理。第五，提出社会机制的理性观点。认为政府理性或市场理性存在缺陷。政府与市场之间的关系不是谁取代谁或谁补充谁，因为在某些社会领域，无论是政府还是市场都不完全有能力。正是因为如此，治理理论提出了协调社会关系的另外一种模式，即通过制度化谈判建立互信，达成共识，促进各个层面的合作，提出有效的公共行政改革措施，提高政府灵活性、公正性和透明度，引入市场竞争机制，发展非政府组织和个人参与公共事务治理等。

就综合行政执法而言，公共治理理论应具备以下几个方面的内容：首先，执法使人真正成为综合行政执法关系的主体，从主要依靠义务主体到主要依靠行政相对人的合作来改善行政参与，使行政执法向民主、沟通和达成共识的方向发展。沟通双方的内部活动有利于了解彼此的内心活动，有利于相互信任，消除摩擦和冲突，并使最终结果更加公平、准确和有效。其次，完善政府改革，提高行政透明度和灵活性，有利于行政执法机关灵活实施、公正执法。最后，完善改革举措，引入竞争机制，这将有助于通过竞争来提高行政执法队伍的整体素质。

3.4　本章小结

　　本章主要介绍本书的相关指导理论，包括新制度经济学理论：交易费用理论、产权经济理论、契约与"委托-代理"理论、制度变迁理论、"寻租"理论；行政法治理论：行政效率理论、行政效能理论，以及公共治理理论。本章对以上理论进行梳理和研究，以新制度经济学为背景来指导我国综合行政执法的改革。

第4章 我国综合行政执法的历史回顾与现状反思

历史是由很多经验写成的，同时也为未来的世界提供了很多参考和借鉴。现实是长期历史发展的结果，应当从历史的角度，汲取社会发展经验来解决现实的困境。因此，通过回顾综合行政执法发展历史可以发现其中存在的问题和未来的发展趋势，这对我国综合行政执法的进步有一定意义。

4.1 我国综合行政执法的发展历程

我国的综合执法工作伴随着新中国的建立而开始了快速的发展。在中华人民共和国成立初期，我国的行政执法工作主要以强制性处罚为主，对企业和个人违反行政规定的行为给予严重的处罚。这样的行政处罚规定虽然促进了社会的进步和发展，但随着社会的发展，过于严厉的处罚手段已经无法满足社会治理的需求。1957年，我国制定了第一部《中华人民共和国治安管理处罚条例》，标志着我国在该领域取得了重大进展。此后，我国的城市行政执法工作进入一个长期的瓶颈期。改革开放的逐步开展使得这一问题得到有效改善。随着中国经济的不断发展，相关法律法规不断推出，综合执法的相关工作也进入快速发展的阶段。现在回顾改革开放以后，我国综合行政执法所取得的进展，并根据各个时期的特点将其划分为三个阶段：

第一阶段为我国行政执法的恢复阶段，主要是指 1978 年改革开放到 1989 年。这个时期，我国各级政府的主要工作就是恢复国家各类行政机关，出台各部门的法律法规，规范和完善各类执法程序，以实现我国行政执法的法治化。

在 1978 年召开的党的十一届三中全会上，与会代表针对我国当时民主法治存在的问题开展了深入的讨论，这也标志着我国行政执法工作又开始了正常的运转。在此次会议上，全国各族人民坚定了必须强化社会主义法治建设的决心，并通过法律、法规来促使各种行政执法工作法治化、规范化。因此，彼时全国各级政府的主要工作就是抓紧出台一系列与行政执法相关的法律法规。但由于长期的搁置，当时的一些法律、法规已经远远不能够满足社会发展的需要。国家需要通过法律建设来实现社会的公平与正义，任何企业和个人都不能凌驾于法律之上，这也能确保各种所有制经济能够在一种法治环境下公平自由竞争。这种思想不仅为综合行政执法工作奠定了坚实的思想基础，同时也为我国综合行政执法发展指明了未来发展的方向。1978 年国家工商行政管理局恢复成立，这是我国在城市行政执法领域取得的又一项标志性的事件。1979 年，全国人大出台了一系列的规定，指出当时现存的一切法律法规必须不能违背国家宪法和其他基本大法，当它们所规定的内容出现不一致时，应当对这些法律和法规进行调整，以适应社会发展的需要。这一转变，极大地促进了我国综合执法工作的开展，同时也促进了社会主义市场经济的活跃和发展。1982 年 12 月第五届全国人大第五次会议通过《中华人民共和国国务院组织法》，这一规定全面梳理了我国行政机构的组织设置，对每一个职能部门的职责和权力进行了说明，划清了不同职能部门的权力范围，进一步促进了我国综合执法工作的进展。1980 年 2 月，经过修订的《中华人民共和国治安管理处罚条例》正式向社会公众公布，在该项条例的指引下，全国各级政府相继成立了自己的行政执法部门，这也是我国行政执法工作进入常态化的一个重要标志。1982年《中华人民共和国宪法》颁布，宪法是我国的根本大法，也是其他一切法律都必须遵循的基本法律。宪法不仅从法律层面限定了我国各级政府、各个职能部门的职责和权力，同时也为其他综合执法法律、法规的颁布奠定了坚实的基础。随着中国经济的快速发展，综合执法的相关工作也进入有序发展阶段，相关的法律法规不断推出。1986年颁布了新的《中华人民共和国治安管理处罚条例》，该条例对我国行政机构的职责和权利进行了全面梳理与说明，划清了不同职能部门的权力范围，同时强调了被执行人在执行的过程中所享有的权利，进一步促进了我国综合执法工作的开展。同年，《中华人民共和国矿产资源法》《中华人民共和国土地管理法》等法律相继实施，为各级行政执法人员提供了强有力的法律保护武器，进一步优化行政执法工作在细分行业的发展。这些法律明确了企业和个人在进行的正常的生产经营活动时，不应违反相关的法律、法规，不得损害其他企业和个人的合法权益，这是我国综合执法在经济领域所取得的重要进展。由于长期的搁置，现存的法律、法规已经远远不能够满足社会发展的需要，应当出台一些新的法律法规来适应社会经济的发展。另一方面，法治建设必须保障建设和改革的秩序，要通过法治建设来实现社会的公平与正义，任何企业和个人都不能凌驾于法律之上，这也确保了各种所有制经济能够在法治环境下自由竞争。在国家宏观层面各种法律法规出台的基础上，各省级政府也出台了一系列行政执法相关的法律法规，一些地区的政府陆续开始探索有效实施行政执法的责任制度。在这种情况下，行政执法责任制的颁布极大地推动了我国综合执法工作的开展，行政执法工作进入到了新的发展阶段，为综合执法工作奠定了坚实的思想基础，也指明了未来发展的方向。

第二阶段是我国行政执法的发展阶段。这一阶段注重行政诉讼和权利救济，关注的是执法的责任，执法方式也开始朝向法治化迈进。

1989年出台的《中华人民共和国行政诉讼法》，是我国法律史上的一部重要法律，同时也是我国行政执法领域的一部重要法律。《行政诉讼法》的颁布标志着我国行政诉讼有了法律依据，是我国综合行政执法发展的重要事件。1990年出台了《行政复议条例》，这个条例是对《行政诉讼法》的有效补充，两个法律的协同合作，能够使我国综合行政执法更好地依法依规进行。行政执法的一个重要组成部分是行政复议，这也是程序正义的有力保障。以往我国行政执法工作不注重行政复议，执法者的素质参差不齐可能导致行政执法活动出现错误，进而导致行政执法者与社会公众之间的矛盾。行政复议这种新形式的执法活动出现以后，这种情况得到了有效改善。行政执法部门不仅仅是执法机构，同时也是被执行人的救济单位。通过这种改革，广大企业和个人同政府行政执法部门之间的矛盾得到了一定程度的缓解。但是随着经济的快速发展，城市的行政综合执法又出现了新的问题，由于一些新部门的成立，综合行政执法活动不再局限于一两个单位，税务、工商等部门均会对企业和个人进行管理，出现了多头管理的复杂情况。在这一背景下，1990年12月，国务院召开主题会议，召集了省市的相关领导进行研讨，表明综合行政执法工作已经得到了党和国家高层的重视，综合行政执法工作应当更上一个台阶。1993年，第八届全国人大第一次会议再次确认了依法行政的指导思想，同时这也是"依法行政"第一次以正式文件的形式出现在中国最高政府的层面。同年通过《全国人民代表大会常务委员会关于加强对法律实施情况检查监督的若干规定》，对每一个职能部门的职责和权力进行了说明，划清了不同职能部门的权力范围，进一步促进了我国综合执法工作的进展。1994年，《中华人民共和国国家赔偿法》正式公布，这是我国第一部国家赔偿法，是我国重视国民合法权益的体现，同时该法的颁布也极大地促进了我国综合行政执法工作的发展。《中华人民共和国国家赔偿法》中对由于各种行政错误导致的企业和民众的损失进行赔偿的情况进行了详细的说明，保障了广大社会主体的合法权益。这个阶段是我国综合行政执法相关法律法规构建和完善的阶段，通过改革责任行政和国家赔偿等形式，使得我国综合行政执法取得了较大进展，社会对行政执法单位和人员的满意度不断攀升，整个社会依法行政的氛围建立了起来。

第三阶段是我国行政执法的全面规范和创新发展阶段。通过全方位、深层次、多角度地推进综合行政执法的改革和建设，行政执法方式体现出民主化和多样化。

1996年，党中央第一次提出要"依法治国，建设社会主义法治国家"这一治国方略。这表明我国从国家层面开始重视法治，在这一指导思想的引领下，全国各行各业都开始了新一轮的改革，综合行政执法也不例外。各省市开始集中治理"多头管理""以罚代管"等不良问题。同时为了进一步完善综合行政执法工作，1996年还出台了《中华人民共和国行政处罚法》，该法对行政处罚的范围和强度进行了详细的说明，这不仅使得行政执法人员在具体的执行过程中做到有法可依，同时也有利于构建公开、透明的行政执法环境，缓解人民群众和行政执法机构之间的误会和矛盾。《行政处罚法》一开始在国内的少部分城市进行试点，通过一段时间的试点，总结了经验教训，并对一些有争议的部分进行了修改和完善。在1997年该法向全国进行推广，《行政处罚法》的颁布促进了我国综合行政执法工作的发展。

1999年3月，我国正式将"依法治国，建设社会主义法治国家"载入宪法。这又一次显示了党和国家政府对于依法治国的重视，这也是依法行政第一次以正式文件的形式出现在中国的宪法之中。同年4月，全国人大常委会通过《中华人民共和国行政复议法》。由于以往我国行政执法工作对行政复议的重视程度不够，执法者参差不齐素质造成了行政执法活动出现差错，从而激化了行政执法者同社会公众之间的矛盾。但是当新形式的执法活动出现以后，这种情况得到了有效的改善，同时也进一步增强了我国综合行政执法工作的社会公信力。1999年，国务院颁布了《国务院关于全面推进依法行政的决定》，这既是对依法治国写入宪法的重要实践，同时也为地方政府有效、科学践行依法行政指明了发展方向。在这项决定中，明确了基层政府是综合行政执法工作的具体执行者，因此他们的工作能力和工作态度直接决定了城市行政执法工作能否顺利地开展。行政执法工作的最终目的是解决城市发展的问题，是提高最大的社会群体收益，而不是激化城市行政执法部门与社会公众之间的矛盾。为了更好地体现这一目的，各省市的行政执法部门和人员对该项决定进行了深入细致的学习，并结合各地区的实际情况出台了很多的细则，极大地推动了我国综合行政执法工作的法治化进程。2000年，国务院办公厅发出《国务院办公厅关于继续做好相对集中行政处罚权试点工作的通知》，这是对我国原有的"多头管理"模式的集中整治，希望通过构建集中行政处罚制度来规范我国的行政执法工作。

2003年，《中华人民共和国行政许可法》这一我国行政执法领域的重要法规颁布实施。该法对行政许可领域的各种内容、程序和范围都进行了细致的介绍，同时也对政府的职能和职责进行了限定，这对我国综合行政执法工作而言是一个巨大的进步。法治建设需要保障改革的秩序，要通过法律建设，来实现社会公平与正义。在《行政许可法》颁布之后，全国各省市在此指导下相继成立综合行政审批中心，对于企业和个人绝大多数需要办理的行政审批业务进行集中办理，这样公开、透明的办事条件，极大提高了政府部门的办事效率，受到了社会各界的一致好评。

改革就是改变原有的执法观念，通过不断优化和调整政府执法部门的执法观念，来获得广大群众和企业的认可，顺应社会经济发展的需要。2004年3月，国务院发布了《全面推进依法行政实施纲要》，对每一个行政执法职能部门的职责和权力进行了说明，划清了不同职能部门的权力范围，进一步促进了我国综合行政执法的发展。法治成为我国行政执法工作的首要特征。

2005年7月，国务院办公厅发布《国务院办公厅关于推行行政执法责任制的若干意见》，此项意见主要是针对行政执法过程中的相关责任进行了解释和说明。从此以后，行政执法工作不仅是一项具体的职能任务，执法过程是否科学、符合规定也必须受到相关部门的监督和管理。在此之后，全国各省市政府都根据地区特点，制定了符合自己省份的责任制实施意见。

2010年10月，国务院印发《国务院关于加强法治政府建设的意见》，意见要求各级政府必须严格按照相关法律的规定，加强法治政府的建设工作。要求各级政府应当在此意见的指导下，紧密结合自身特点，通过制度创新、体制创新等方式不断对政府的执法工作进行优化和调整。全国各省市应当设立时间节点表，明确各部门的职能和职责，对于已经发生的冤假错案应当及时纠正，对于涉及的相关责任人应当严肃处理。2011年《中华人民共和国行政强制法》规定，"采用非强制手段可以达到行政管理目的的，不得设定和实施行政强制"。通过一系列的法律法规和地方政府的措施，我国的综合行政执法变得更加民主和多元化。

依法执政是科学决策的前提和基础，社会主义政府体制需要全面完善的法治体系作为保障。这也是不断提高行政执法部门工作效率的重要途径。在执法活动中，首先需要实现有法可依，即行政执法人员所做应当具备一定的依据，这样才能使得人民群众信服；同时应不断加强行政执法人员的培养和教育，使得他们能够更加科学地行政执法，不滥用手中的权力。近年来，中国在行政执法领域取得了极大进步，特别是在依法行政领域取得了举世瞩目的成就。但也应清醒地看到，目前的工作同广大人民群众的期盼还存在一定的差距，还不能达到社会主义依法治国的要求。在行政执法的体系和实践中还存在着诸多的制约因素，并严重影响了行政执法的有序实施。因此，我们需要对我国综合行政执法的现状进行深入分析，找出影响我国行政执法能力的制约因素，并在此基础上提出可行的对策建议。行政执法是我国法治化进程的一项长期工作，需要实务界和学术界共同努力，一起来为我国行政执法建设贡献自己的一份力量。

习近平总书记指出，行政机关是实施法律法规的重要主体，要带头严格执法，维护公共利益、人民权益和社会秩序。继续强化对行政执法领域进行改革，是全面提高中国行政执法能力的重要途径，也是促进中国法治化进程的重要组成部分。党的十八大以来，党中央在依法行政治国领域提出了一系列深化改革的实施纲要。习近平总书记在多次讲话中提出，行政执法领域的深化改革势在必行，是提高国家综合行政执法能力的强有力的保障。在中央政府提出深化改革之后，各地区政府也在该思想的引领下，提出了许多可行的对策建议，在实践工作中践行深化改革的思想，取得了不错的成效。党的十八届四中全会又进一步推出了一系列深化改革的文件，为行政执法领域的深化改革工作提出了新的要求，也注入了新的活力。

2014年10月，党的十八届四中全会指出"推行行政执法公示、执法全过程记录、重大执法决定法制审核制度。"这标志着我国行政执法发展历史进入了一个新的里程碑。在该决定中，细化了行政执法工作在诸多领域的实施细则，同时强调了在这些领域要进一步推进综合执法工作，这样不仅能提高执法的工作效率，也能够提高广大人民群众对行政执法工作的满意度。同时该决定还指出，在一些基础条件较好的领域，还可以进一步推进跨行业的行政执法工作，这也是我国行政执法工作的一项创举。

2015年，中央政府开始推行综合执法工作，在该年度的4月，中央编制办出台了《关于开展综合行政执法体制改革试点工作的意见》，并在全国范围内选择了138座城市开展试点。这次推动综合执法工作，不仅是响应2014年国家所出台的行政综合执法的倡议，同时也是对原有"集中行政处罚"试点工作的一次升级，这标志着我国行政执法工作进入到了新的历史阶段。我国的行政执法工作从原有的以处罚为工作重点向综合执法转变，这不仅符合世界行政执法发展的大趋势，同时也是提高我国行政执法部门执法能力的重要举措。在此之后，我们可以看到在中央和地方政府的文件中，行政处罚已经不再被提起，取而代之的是行政综合执法。

2015年12月发布的《中共中央 国务院关于深入推进城市执法体制改革 改进城市管理工作的指导意见》，该意见对在新时期阶段，综合城市执法工作的重点进行了部署。意见指出在市或区一级的行政单位设置一级执法，对综合执法工作进行属地化的管理方式，对于基层部门无法执行的行政管理任务，应当由上一级的政府派驻专门的人员进行处理。对于不同层级的行政管理部门，应当明确各部门的职责，避免出现职责划分不清、互相推诿的现象。同时在同一层级，各部门应当相互协作，厘清各自的执法边界，避免出现多头管理等不良情况。

2016年10月，住房和城乡建设部发布《住房城乡建设部关于设立城市管理监督局的通知》，规定"设立城市管理监督局，作为住房城乡建设部内设机构，负责拟订城管执法的政策法规，指导全国城管执法工作，开展城管执法行为监督，组织查处住房城乡建设领域重大案件等职责"。自此，我国城市管理执法的组织体系发生了根本性的变化，彻底扭转了以往其没有直接领导部门的局面。在增设了城管领导部门后，城市管理执法工作有了统一的领导，其组织体系变得更加科学合理，一些设置不科学、不规范的部门在这次调整中被取消。同时这次改革也使得综合管理的监督工作变得更加有效，基层部门在执法过程中存在的各种问题都可以向其上级部门反映。

2017年2月，国务院办公厅发布的《国务院办公厅关于印发推行行政执法公示制度执法全过程记录制度重大执法决定法制审核制度试点工作方案的通知》公布了在32个地方政府和部门试点六类行政执法行为，待试点成功后将在全国范围内推广。重大执法决定法制审核制度是深化行政执法体制改革的重要制度创新举措，是推动我国政府治理现代化的重要途径。目前，重大执法决定法制审核制度、执法全过程记录制度、行政执法公示制度共同成为约束执法权力的有力抓手，同时也成为加强执法监督的强有力手段，对于完善我国综合行政执法程序有着推波助澜的重要作用。同年10月，党的十九大胜利召开。提出"不忘初心，牢记使命，高举中国特色社会主义伟大旗帜，决胜全面建成小康社会，夺取新时代中国特色社会主义伟大胜利，为实现中华民族伟大复兴的中国梦不懈奋斗"的要求。

4.2 我国综合行政执法成就

我国实施改革开放四十年以来，依法治国和依法行政逐步深入开展，在行政执法方面取得较大的成就，综合执法局面体现出良好的发展态势。

4.2.1 执法制度日趋完善

随着依法治国方略的贯彻和落实、民主和法治不断提升。《行政处罚法》和《行政许可法》陆续实施，依法依规已成为综合行政执法的基本准则，行政执法制度日趋完善，主要体现在以下方面：

（1）依法行政日常化。近年来，我国各级政府出台了一系列的法律法规，不断加强立法工作，但是由于起步较晚和长期搁置，一些法律、法规已经远远不能够满足社会发展的需要。因此需要根据社会经济的发展阶段，出台和完善已有的法律法规。行政执法的法制化，是我国行政执法工作的发展方向，同时在行政执法的程序、范围等方面也要不断强化法治，通过法定的形式促进我国行政执法工作的开展。

（2）行政执法程序日益规范化。行政执法的相关法律是综合行政执法的依据，其在程序规范上也在不断完善。程序规范是确保行政执法结果正确的重要条件之一。行政执法工作的过程中是否科学、符合规定必须受到相关部门的监督和管理。长期以来，我国的各级政府长期存在着重视立法，却忽视程序的问题，这就导致了我国行政执法过程中一些程序不正确，并最终导致执法部门与被执行人之间的矛盾。近年来，我国行政执法的程序有了明显的改观，《行政诉讼法》《行政追责制》等相继出台，不仅极大提高了我国综合行政执法的水平，又体现出行政执法程序上的规范性。

（3）执法队伍逐步专业化。综合行政执法大队是行政执法的组织保证。近年来，我国各级政府的行政执法部门不断调整和优化执法人员队伍。行政执法部门属于国家机构，可以通过公务员考试设置专门的招聘标准，不断优化人员结构。同时各级行政执法机构也定期对现有工作人员进行培训，介绍国家最新颁布的法律法规。经过十几年的努力，目前我国行政执法人员的学历基本在大专以上，且近五年招聘的行政执法人员普遍具有本科或研究生学历。目前，我国行政执法人员的组成结构有了极大的改观，已经能够基本满足我国综合行政执法工作的需要。

4.2.2 综合行政执法关系逐步理顺

法律是社会关系的调节器。21世纪初，学术界曾提出行政法律是行政主体与行政相对人之间的合作关系，即强调行政执法的主体——行政执法机构和行政执法的客体——社会公众之间不是一种对立的关系，他们可以通过一定的手段和程序实现协调共生。他们之间的合作不仅有利于综合行政执法效率的提升，同时也有利于整个社会的不断进步。在这种思想下，我国行政执法部门也在不断调整自身角色，通过深化改革，逐渐从城市的管理者向城市的服务者进行转变，企业和个人对于行政执法部门的满意度也在不断地提升。

行政执法的形式也在发生着改变，从以往的管理者的角色向市场的服务者转变。执法部门越来越多地主动向经营者提供相关信息，以便更好地为企业和个人提供服务。行政执法方式的转变，使得政府的执法活动更加公开透明，同时社会监督力量的增强也带动了政府执法效率的提升。首先，行政执法改革的方向就是依法行政。行政执法的体系、规章制度、实践工作都应当在相应的法律法规的约束下进行，这样才能避免行政执法权力滥用的问题。其次，要文明执法。行政执法部门应当转变思路，争做市场的服务者，不断提高自身服务的水平，减少企业和个人对行政执法工作的误解，通过亲切、细致的服务来赢得企业和个人的认可。在以往的执法过程中，执法者同被执法者之间存在着诸多的矛盾，应当通过行政执法的服务意识提升来解决这些矛盾。近年来我国行政执法工作在服务意识方面取得了很大的进步，服务型的行政执法体系正在构建。再次，执法部门的廉洁问题。综合行政执法部门拥有一定的权力，在实践过程中，容易出现"寻租"的现象，而这种现象严重扰乱了正常的市场秩序，不利于市场经济的发展。行政执法部门和人员应当做到公平执法，在实践中应当依法执法，达到处罚标准的，绝不手软，而未达到处罚标准的，不得滥用职权。这样不仅能提高行政执法者在广大人民群众心目中的地位，同时也能促进行政执法队伍整体水平的提高。最后，在行政执法部门的管理过程中，应当定期组织经营者同其进行沟通对话，通过开诚布公的方式来了解经营者的实际需要，减少双方的误会，共同努力促进社会主义市场经济的繁荣与发展。

4.2.3　综合行政执法方式多样化

从绝对量上来讲，我国综合行政执法多采取传统执法方式进行执法。随着社会的不断发展，执法方式也需要进行现代化和科技化的改进。但我们也要清楚地认识到，随着民主化越来越深入人心，行政执法也开始了民主化的变革，在行政执法的过程和体系中，开始变得更加多样。新型的执法方式逐渐进入执法程序中。某些地区也探索性地建立规范裁量基准制度，更加统一和细化了执法的基准，最大限度避免了执法随意性的存在。柔性执法的方式也将刚性的法律和柔性的人文精神结合起来。

行政执法机构在强制执法时，一定要符合相关法律法规的要求，以对被执行人伤害的最小化为目标来执行任务。目前很多地方的行政执法机构在执法领域变得更加人性化，在确保行政执法活动有效性的同时，也增加了很多柔性化的举措。即使行政执法部门在进行强制执法活动，也会尽量确保被执行人的人身安全。

不断增强我国行政执法部门的信息化水平，在行政执法的全过程中引进互联网、视频等现代技术手段，对执法过程进行全面控制，通过移动通信技术实现执法过程实时监控。通过引入更多的人性化措施，来转变行政执法部门的角色，更好地为企业和个人提供多种服务，同时减少行政干预对其造成的各种不良影响。现代行政管理强调更多的社会主体参与到社会治理中去，即在行政执法的过程中听取其他社会主体的观点看法，以民主协商的方式来处理各种社会问题。行政管理不再是上级对下级的管理，而是政府为企业和个人提供服务。只有行政执法部门和社会公众相互尊重、相互认可，综合行政执法才能有效开展。总之，要想提升综合行政的效率及水平，就要将更多的人性化、民主化的思想应用到我国综合行政执法中来。

4.2.4 综合行政执法运作日常化

从组织建设方面不断推动综合执法工作的顺利进行，应当设立行政综合执法领导小组，由分管行政执法工作的区长来负责全面的领导和协调工作。同时设立联席会议办公室负责日常的全面工作，定期召开会议以解决实际工作中所存在的各项问题，同时负责多部门联合执法过程中的组织和协调工作。作为行政执法的主要负责单位，城市管理局仍然为行政综合执法工作的主体，在实践中由其对企业和个人进行管理。在城市管理局内部应当根据综合执法的需要，对现有部门进行优化和调整，精简职能部门，提高综合执法的工作效率。首先应设置办公室，负责城市管理局内部各部门的协调工作，其次设立执法督导、公用事业、执法管理等科室，负责各自职能范围内的工作，优化综合管理局的人员配置，按照工作量精简人员，选择一批工作能力强、工作作风好的同志参与到一线的行政执法工作中去。为了节约成本，应当按照 1∶1 的比例设置城市管理的协管人员，并公开向社会进行招聘，选择优秀人员填充综合管理的队伍。这样的人员比例不仅能够满足城市管理的需要，同时也能确保城市管理工作的质量，避免协管人员过多、容易触发与人民群众矛盾的问题。通过职能优化和人员合理配置，城市管理局的工作效率必将更上一个台阶。

我们应当建立更加科学的考核机制，以促进综合执法工作更加高效开展。首先确定全局的工作目标，然后按照综合管理局的部门设置和人员配备，对整体目标进行分解，确保每一项具体的任务能够落实到个人。在年底考核时，比对年初设定的任务，来考核行政执法人员和部门任务的完成情况，对完成情况较好的个人和部门进行嘉奖，相反对完成情况较差的进行批评，对于连续三次完成情况较差的进行整改。在行政处罚过程中罚没的钱款和物品应当及时上缴给上级主管部门，由区财政部门进行保管。

4.3 我国综合行政执法现状

我国综合行政执法虽然取得了一定的成绩，但同时也应该看到其中存在的问题，而且更要重视此类问题。这些问题，既有普遍的宏观上的共性问题，也有特殊的微观上的个性问题。

4.3.1 暴力执法事件尚未杜绝

执法方式不当引发的暴力执法的事件时有发生，引起的社会关注和争议都比较多。执法权本身具有两面性，一方面，执法权能够确保行政执法人员正常履行相应职责；另一方面，如果这种权力得不到有效的监管，那么就可能出现权力滥用，甚至是暴力执法的问题。长期以来，暴力执法的问题一直存在，并严重制约了我国综合行政执法工作的提升。特别是随着城镇化进程的加速和城市规模的不断扩大，城市管理者的工作内容大大增加，在这样的背景下，暴力执法发生的概率会更大，严重损坏了政府执法部门在人民心目中的形象。

　　整理近年来所发生的行政执法争议事件，我们可以发现，尽管我国行政执法部门和人员的素质得到了很大的提升，但类似案件的数量不仅没有减少，反而呈现出增加的趋势。这主要是因为我国正在经历着城镇化，大量人口涌入城市，同时城市在扩张的过程中，又不得不出现大量的拆迁，这在一定程度上导致了行政执法案件数量的快速增加，形成"执法一出台，矛盾跟着来"的局面。我们还应注意到一些地方综合管理在执法程序上还有着很大的提高空间。一些案件已经执行完毕，但是最终的结论却迟迟不能定性，导致整个案件始终处于行政复议阶段。特别是一些暴力事件，经过媒体的宣传和传播，成为社会性事件，让行政执法人员的执法工作变得更加困难。与此同时，执法人员采取粗暴态度进行执法也是行政执法争议事件增多的重要原因之一。虽然这只是一小部分行政执法人员存在的问题，但严重影响了行政执法部门在人民心目中的形象，造成了群众对行政执法人员的偏见，进而使得行政执法人员很难正常开展工作。

　　城管队伍的构成比较复杂，其中不仅有应届的大学生、退伍军人，同时也有其他一些个人素质水平一般的人员。这是在我国建立城市管理制度初期，人员缺乏，导致一些地方在选择行政执法人员时，设定的门槛过低。他们的文化教育背景往往仅在初中左右，没有接受过专业的管理和法律等方面的教育，在后续的培养方面也缺乏长期的培训。这使得这些执法人员的工作能力有很大欠缺，同时他们的工作态度也有很大的提升空间。特别是在执法的过程中，部分执法人员容易出现暴力执法等不良问题，因此，我们应当转变以往"重使用、轻教育"的有关观念。首先应当在行政执法人员选择的门槛上，制定相应的标准，使其基本素质能够达到行政执法人员的要求。同时对于已经录用的行政管理人员，为其提供定期的专业知识培训，不断提高行政综合执法队伍整体的工作能力。以权至上，培养行政执法部门的工作人员"以民为本、爱民富民"意识。

　　部分行政执法人员执法观念存在严重问题是他们进行暴力执法的原因之一，他们没有将自己看作是广大人民群众的服务者，存在"教育不严、管理不严、监督不严"的问题。特别是在城市规模不断扩大以后，协管人员数量的增加，进一步加剧了此类问题的出现。由于他们没有同综合管理局签订正式的劳动合同，因此，行政执法过程中对其应当履行的一些职责的约束力度大大降低。即便出现一些问题被辞退，他们还可以在其他单位重新应聘。

4.3.2　行政执法方式单一

执法方式和手段比较落后和单一。与发达国家的相比，我国综合行政执法的执法手段很有限，尤其在信息化程度低、执法创新意识弱的背景下，我国综合行政执法的执法手段还有很大的可改进空间。执法手段过于单一，综合执法人员在面对执法事件时的处理方法有限，这就会导致这样一种不良情况：对于综合执法人员来说，除了罚款没有更好的处理办法。而罚款这种处理方式很容易造成执法人员与被执法人员之间的矛盾。

4.3.3　执法环节缺少社会参与

行政执法是一个相互配合的过程，即行政执法部门应当充分了解社会公众的诉求，以及社会公众对于行政执法部门的需求。在目前的执法过程中，很多的执法部门也开展了开放日、局长信箱等活动来同社会公众进行互动，但这种活动或举措很多时候都是形式大于实际，对于社会的需求而言仍然存在着很大的不足，这也使我们总能在一些新闻媒体的报道中看到公众对于行政执法工作的不满或不理解。因此应当进一步拓宽行政执法机构同社会公众和舆论互动渠道，强调回应公众和社会。

首先，一方面行政执法部门可以进一步加强同社会公众的互动，将社会工作对执法部门的期望当作部门未来发展的方向；另一方面社会公众也应积极参与到行政执法工作的优化和调整之中，在日常的生活中认真学习党和国家所出台的各项行政执法的法律、法规。同时通过局长信箱、新闻媒体等渠道来积极反映自己的观点和看法，通过自身意识的提高来促进我国综合行政执法工作改革。

其次，行政执法部门应加强内部监督，形成自我制约与监督模式；

建立社会督察制度，邀请公众担任督察员，对执法人员在执法过程中的违法违规行为进行监察，同时将意见建议反馈给行政执法部门；建立公众监督制度，通过设立意见箱、信件举报等形式受理处置并向公众公布；建立行政执法部门与民众双向沟通机制，让民众了解行政执法部门之所想，也让行政执法部门听民声、顺民意，真正实现城市管理由政府管理走向民众治理。

4.3.4　执法系统缺失

综合行政执法的开展在我国起步较晚，因此，目前行政执法系统还不够完善，在很多方面存在着不足和缺陷。对比国外行政执法先进国家，我国目前急需对现有的行政执法体系进行完善，特别是在行政执法的规范领域，应当尽快出台一些行动规范，以指导行政执法人员的实际工作；同时不断提高行政执法人员的素质和能力，通过人才引进和培养，不断优化我国行政执法人员队伍，促进我国行政执法工作水平不断提高；构建科学有序的行政执法管理队伍，使各级行政执法机构通力配合，形成一套比较完善的行政执法方式。从而实现在应对各种突发行政执法事件时，行政执法人员能够在最短的时间内做出最正确的决定，减少行政执法工作的随意性和错误性，从根本上转变我国综合行政执法方式。

目前，我国正处于城市化高速发展的进程中，对于城市进行全方位管理的难度逐年增大，在综合行政执法领域也一直缺少专门性的法律。由于我国行政执法领域起步较晚，而且执法人员的素质有限，各类法律法规得不到有效的执行，我国的城市行政执法工作处于瓶颈期，在一定程度上阻碍了我国经济的发展和社会的进步，因此有必要对行政执法工作进行新一轮的调整和优化。

各城市管理综合行政执法机关的建立主要是基于地域管理，但仍有各种不同。一般来说，主要有三种模式：一是城市和区域的双重领导，即市、区一级综合执法机关的建立受市政机关和区政府的双重领导。二是地区和街道的双重领导，即在地区一级只建立综合的城市管理执法机关，执法队伍在地区一级驻扎到分区办事处。三是纵向垂直领导，即只有市级的综合行政执法机构统一领导全市执法工作的开展。前两个模型比较普遍，大多数城市采用这两种方式。但现有的体系有诸多弊端：首先，区县之间在管理上存在分歧，执法分工的交叉或者空白都会导致综合行政执法缺乏统一的科学规划和强有力的统一领导，以及城市管理的不均衡发展也会影响各区县之间的城市管理执法；其次，城市管理和执法组织的人力和财产的相关权力都由区县政府控制，但基层政府缺乏人事管理专业执法人员，也没有足够的资金支持，并且业务领导的专业执法质量缺乏保障，这导致了城市管理执法的执法能力缺乏组织。

这些既有问题制约着我国综合行政执法的健康发展，因此有必要改进和变革现行的行政执法方式，确保综合行政执法的顺利实施，维护当事人的合法权益，全面满足现阶段我国政治、经济和社会发展的需要。

4.3.5 执法队伍素质有待进一步提升

一直以来，我国的综合行政执法的管理主体存在着主体较多且不统一的问题。随着社会经济的快速发展，政府的管理职能在不断地扩充。针对社会上新出现的常态性问题，政府一般都会予以解决，建立法规是最好的办法之一，同时还要增加行政机构和组建队伍，设置行政执法主体。

加强执法队伍建设以及提升执法人员素质是改善执法现状、强化政府服务职能、提高执法效率的必然要求。2015 年，国家将住房和城乡建设部门确定为综合行政执法的主管部门。随着法治建设的不断推进以及培训和教育的加强，执法人员的法律基础知识、执法观念、执法水平普遍有较大提升。

4.4 本章小结

本章回顾了我国综合行政执法的发展历程。新中国成立后，行政执法从无序发展状态逐步朝向正规化发展，国家制定了一系列规范的法律、法规和政策。

　　本章还总结了我国综合行政执法取得的成绩。首先是执法制度日益完善，其次是执法关系逐步理顺，再次是行政执法方式日益多样，最后是综合行政执法运作的日常化。

　　本章最后对我国的综合行政执法现状和存在问题进行了反思。第一，暴力执法事件时有发生，执法方式不当引发争议较多。第二，行政执法方式单一，执法手段仍显滞后。第三，行政执法回应社会不足，执法方式缺少公众参与。第四，行政执法系统尚不健全，缺乏完善的执法体系。第五，行政执法队伍的素质有待加强。

第5章 综合行政执法改革的国际比较及启示

5.1 英美法系国家的行政执法实践

5.1.1 美国行政执法实践

美国很少出现政府行政管理机构膨胀的问题,在一定程度上不仅避免了多头执法、职责交叉的现象,同时也避免了重复处罚的局面,严格的执法制度最大限度地避免了执法扰民的发生。良性的城市管理氛围需要中央和地方政府之间的配合,合理地进行事权划分,实现行政执法中顺畅的模块关系。各级政府按照实际需求组成行政管理部门或机构,这样能最大限度地满足城市管理过程中的需求。政府的主要作用是为城市和市民服务,在拥有自主权的基础上关注公民对于城市管理的参与度。为利益相关人举办听证会,讨论相关行政执法决策事宜,汲取各方意见,以此来达到协调利益的目的。这样不仅增加了决策的透明度,也能够使新政策的推行得到支持与理解。美国的城市规划工作中起草发展规划的工作就是很好的例证，由住房和城市发展部发起并在广泛征求意见的基础上起草的城市发展规划，必须通过市议会审议方可实施。在具体实施过程中，城市行政执法机构、司法机构等负责将通过的地方性法规保障执行，不能不经法律程序而进行变更；议会负责规划的执行和监督工作，负责听证会的召开，有视察、调研、质询等权利；政府规划部门负责执行城市规划的具体实施工作，严禁贪污受贿；建筑许可证需要经过严格的程序方可发放；法院受理城市规划用地工作中来自企业、社会团体、市民的诉讼案件；新闻媒体为监督和沟通提供合法渠道和有效保障，如果政府在执行规划中局部利益受阻，或者是行政相对人的合法权益受到该城市规划的损害，双方均可通过新闻媒体渠道争取支持，以促使纠纷得到快速、公开、合理的解决。

美国虽然没有设置专门针对城市行政管理执法的机构，但是整个程序依然在法律框架约束下严格执行。目前纽约街头的持照商贩数量已达上万，从出售特色工艺品到食品再到街边画像，经营种类多种多样。多样的经营为繁荣经济和增加税收做出突出贡献。无照商贩均由警察负责管理，处罚也只能由警察来开具罚单。纽约环境管理研究委员会拥有处罚额度确定的立法权，如遇商贩不服处罚的情况，可交由治安法院处理。无照经营的商贩在政府职能部门的有效管制下，并未给城市秩序带来混乱。

美国一般采用"一警多能"的制度来对城市进行综合管理，因此极少见到类似于中国警察街上执勤的现象。在基层工作的巡逻警察承担大部分服务项目，平均约占一个警察工作任务的八成。巡警在街头巡逻的同时就能处理各种求助，为公众提供安全感，并有力预防与震慑违法犯罪行为的发生。因此巡警虽然在分工上没有明确划分，却能够在平常全面接触市民生活的过程中妥善处理突发事件。从案件数量的普遍性上来讲，巡警处理的大多数为交通事故案件，另外如青少年离家出走、商贩占道经营和扰民等事件，辖区内发生的治安、刑事案件巡警也能够进行处理。巡警承担的职能几乎包括我国城管机关的全部职能。美国大多数警察录用工作都规定：经过警校培训后直接录用的警察，必须首先担任巡警，在巡逻工作中获得实践经验，才能够继续担任其他职务。

5.1.2 英国行政执法实践

在英国，行政执法由政府负责，同时由社区协警帮助进行城市管理。英国中央和地方明确划分行政执法权责界限，英国中央政府设置的地区事务部专职负责管理领域立法、政策制定和经费保障等工作。地方政府自行管理城市公共环境秩序，主要履行执法权，结合地方实际制定相应的实施细则及办法，实行城市自治。

英国城市管理主要有以下特点：

首先，英国重视围绕规划开展城市管理工作。在英国，规划起着举足轻重的作用，政府根据规划依法进行城市的建设，不仅在土地层面，而且在教育、就业和住宅等多方面都有涉及。按照层次有全国性规划、区域性规划和地方性规划，三个层次相互协作，使英国城市得到有效管理。

其次，将市场化机制引入城市管理中。英国政府通过"委托-代理"与招投标的方式引入非政府部门从事公共产品和服务的提供工作。英国城市管理的市场化还表现在通过市场机制将原公有的产品私有化，将城市管理职能转移。举例来说，大量服务型政府职能被地方政府通过竞争性的方式私有化，近些年供水、供电、供热、污水处理等公共服务性事项都是典型案例。这些项目均通过招标与签订合同的方式私有化，发挥市场机制在推动城市管理方面的作用，以缓解城市管理的压力。此外，从政府机构中划分出绝大部分的职业训练系统，并对其进行企业化改造，把当事人当作顾客，向用人单位进行推荐。英国政府按照一定周期对市场和企业进行考评，对于经营不善而导致服务不达标者，政府监督其进行整改，若再出现不合格的情况就终止合同，其经营权也将被收回。

再次，英国具有发达的行政执法体系。一方面，英国行政执法讲究运用技巧，做到宽严并济。具体表现为初犯以教育为主，对无照经营商贩的处罚通常是没收经营工具。另一方面，英国行政执法的主体权限相对集中，与我国行政处罚制度有异曲同工之处，但与我国不同的是英国执法权相对集中在警察手中。除了负责公共安全以外，英国的警察还负责某些营业场所的执照审批，其职权范围延伸到工业、商业、企业管理领域。同时，英国警察与政府其他行政部门也保持着千丝万缕的合作关系，这也有效地保证了联合执法机制的运行，避免了管理中的漏洞。

英国的执法机构相对于其他国家来说较为独立。英国设立了自然保护署、环境署等独立的执法机构负责具体行政执法工作。英国警察机构的执法责任包括市场监督管理领域的营业执照审批和规范商业经营行为的执法责任，其权力相对集中，且在政府与其他行政专业部门之间的配合中起着举足轻重的作用。例如在固定商业门店的许可管理方面，英国立法规定经营者只有得到了有关上级部门的审批后才能够取得在门市外摆放座椅的权利，其有效期为一年；禁止占用盲道妨碍残障人士通行；占道规模应当由政府和消费者权益机构共同决定；经营许可证张贴在门口醒目的地方告知公众等。若不满足相关规定，政府部门便可及时吊销许可证照，造成的损失由经营者自行承担。

最后，英国形成了管理部门执法严格、执法行为处理有效、公众高度参与的局面。各相关部门秉公执法，按章办事，很大程度上避免了"寻租"现象的发生。行政机关对财政补助采取监督的模式，并在其行使权力时采用相关人签订合同的方式来代替单方面命令，因此其只能在职权范围内签订合同，而不能够利用合同取得原来没有的权利。同时民众对于身边的违法行为也进行及时举报、劝说和领导，在社会中形成全民参与监督的良好氛围。

5.1.3 新加坡行政执法实践

新加坡被国际公认为"花园城市"。精准的城市管理模式和完善的城市管理方法，使新加坡成为世界上公共秩序最稳定、市容环境最整洁的国家。

新加坡在城市管理中实行的建管分离的制度是其成为城市管理典范的重要条件。城市规划、建设、管理分工十分明确，城市建设局负责城市总体规划，同时负责宏观上的城市建设和城市管理任务；城市建筑的设计和建设事务由建屋发展局承担；市镇理事会在卫生部门和园林部门的配合下行使城市管理职能。各部门按照权限承担职责，严禁干涉其他部门的职能，只能在各自职能范围行使职权。为了把协调规范做到极致，各个部门之间还会在规定时间内进行交流。

新加坡在多年的行政执法过程中总结出了一条重要经验——严格依照法律规定进行管理。新加坡城市管理法规体系不仅相当完善而且操作性极强。《破坏性行为法》是该国现行法律中以维护市容为目的的重要法律，该法律重点惩处破坏财产的行为，这里提到的财产既包括私有财产，也包括公有财产。新加坡法律规定禁止在建筑物上张贴广告或者实施类似行为，违者将处以高额罚款并实施鞭刑。这种惩处极严的执法手段在各国法律中都极为少见。新加坡《公共环境卫生法》明确规定了对违法行为人如何进行查处、拘捕、定罪，并设立了专门的规定通知当事人，当事人如果不如期出庭，法庭将对该当事人发出逮捕令。无故不出庭并接受相应处罚的违法者，将被判处罚金、监禁数月，媒体也会对其行为进行曝光。此外，行政执法者队伍选拔程序科学、内部纪律严格。在这种良好的氛围下，城市民众的广泛参与又在舆论方面起到制约作用。新加坡政府充分意识到，只有民众自觉响应号召，才能减少对环境的破坏，应充分加强对广大民众进行城市管理的宣传，从根本上达到城市管理自治的目的。因此，新加坡政府有别于其他国家政府，用对市民进行宣传教育，使其在思想上遵守法律规章的方式来替代强制执法和暴力执法行为。

新加坡城市管理的主要负责主体是"市镇理事会"，市镇理事会将民众作为城市管理的合作伙伴，始终与民众保持有效的沟通。例如，委派人员到市民活动场所进行沟通，听取民众意见。同时，市镇理事会还会与环境发展部等相关政府部门举行定期座谈会，邀请民众参与社会治理并了解民众需求。此外，市镇理事会也进行城市管理的宣传工作，如通过发放海报和教育手册、举办讲座等方式普及关于城市管理的知识。

对于街面巡视、草地管护和秩序维持等城市管理日常工作，新加坡的城市重建局、市镇理事会等职能部门每天都会派人员进行检查与维护。如发现城市设施有损坏或者不合格之处，这些部门会马上提出改进方案，要求及时修复和处理。有趣的是，在管理过程中，政府总理也经常亲自进行巡视，发现问题后，会立即要求相关部门整改，事后还会派人复查。新加坡政府官员对城市管理的重视为该国行政执法提供了重要的保障。

5.2 大陆法系国家的行政执法实践

5.2.1 法国行政执法实践

法国政府对于管理执法中的矛盾和问题的处理十分谨慎，体现了法国政府对于管理执法问题处理的严谨性和科学性。政府部门会召集组织专家和社会调查机构对相关问题归纳和汇总，并进行深入的探讨，在此基础上研究合理的解决方案。政府部门还要进一步对方案进行讨论、改进和实施。如果涉及立法相关，政府就会组织材料形成有关立法的法案，之后还要呈送立法机关讨论，最终会形成立法的具体行动方案。另外，法国政府将原来行政命令式的政府管理方式转变为服务型政府，这种做法符合城市发展规律，对于提高人民的生活水平也有显著的帮助，充分体现法国政府对社会的服务管理的注重。

在法国巴黎有城市管理的职能，但是没有单独负责城市管理的职业，而具体管理城市的人就是巴黎警察。在具体执法行为中，警察会根据法律条款自由裁量处罚力度。法国管理流动商贩的法律和规定多且细致，这也为警察执法提供了必要的保障。政府会强制流动摊贩办理营业执照，同时流动商贩还要受到相关法律的制约，例如，在路边摆摊经营的流动商贩就必须遵守路政安全的法规；餐饮类的流动商贩要遵守卫生管理和餐饮业的法规，还要遵守价格规范和服务规范。除此之外，经营者还要具备相关技能，通过相关考试，必须依法纳税等。法国的流动商贩办理经营证照非常容易，本人可以直接办理，也可以通过邮寄或者网上投寄办理；政府还会为符合条件的流动商贩提供补助和贷款，甚至是减免税款。流动商贩可以足不出户办好一切减免手续。法国巴黎的"跳蚤市场"是非常普遍的，法国政府为了保障市场的稳定有序进行，会在管理中根据实际情况调整相应的措施。如果政府为跳蚤市场指定了经营场所，那么就会对附近交通做出管制，以避免流动商贩扰乱市场秩序、影响交通通行。通常，政府会指定地点，例如在市区附近的街区开办跳蚤市场，并详细安排经营摊位、经营时间、经营行业类别，还会提前一周通过网络、电视、报纸等媒体进行公布。此外，城市管理部门还在跳蚤市场及周边设置了提示牌，指引行人和车辆有序通过。法国跳蚤市场一般在周末设置，对正常工作日交通的影响也降到了最低。在法国，对于跳蚤市场地点、时间和范围的管理虽然没有明确法律规定，但经过长期的实践，市民已经接受了这种模式，也给予了较高的评价。法国政府的这一举动可视为一项民生工程，它不仅最大限度地满足了流动商贩的需求，也为市民提供了休闲、娱乐的方式。这样的跳蚤市场是法国城市管理的突出亮点，这种特色活动也不断吸引周围的城市和乡村开展。

从另一个角度来说，管理部门依照法律持续解决公共事件中的问题是其职责所在。面对执法细节问题，还需要有更多的灵活方法。在工作过程中要不断地调整管理模式，提高管理效率。在法国，埃菲尔铁塔等景点的游客比较集中，无照摊贩比较活跃，针对这样的乱摆摊行为，警察只是将人驱赶，并不没收财物。只要摊贩在规定的地点经营，并且不影响交通通行，一般只会对其进行教育。

5.2.2　德国行政执法实践

德国城市管理实行权力集中制度，其城市管理执法权力归德国秩序局所有。秩序局、警察局、税务局是拥有行政处罚权的三个主要部门，但只有警察局和秩序局的执法人员才有权利进行城市执法。因此，秩序局是除警察局之外的德国唯一一个重要行政执法部门，秩序局的行政处罚权主要集中在城市规划、卫生管理、工商管理、环保管理等方面。其他政府部门发现该类违法行为，可以先行调查，在获取相关证据后，将案卷移交秩序局处理，由秩序局做出统一处罚规定。在汉堡市，各个区都设置了区级秩序局，主要职责是为居民登记身份信息，负责养老与医疗保险，办理消防、运输、交通、环保等相关业务；行使交通、建设、工商、卫生、规划、环保等诸多其他行政部门的行政处罚权。秩序局拥有城市管理和执法检查的权利，并根据所获取的违法证据材料做出相关处罚和裁定。

德国的州、自治区和地方都拥有立法权,因此各地环境秩序和管理部门的编制、机制和法制等各不相同,所承担的职能也各不相同,但是它们都共有一个相同点,那就是执法权力都必须得到法律授权,所履行的管理职能也都需要明确找到法律依据。

在德国汉堡,其中心区秩序局可以依照《市场法》《绿地管理法》《垃圾管理法》《街道法》《宠物管理法》《集会法》《空地管理法》等法律来行使执法权。这几乎涵盖了日常生活的大部分内容,有效地实现了对城市的管理。为了确保执法的有效实施,德国法律还规定秩序局执法人员有权对行政相对人进行临时拘留,秩序局的执法人员可以根据实际情况,采取限制违法人员离开或者是限制违法人员出现等措施。德国的这些法律法规为执法人员日常执法提供了必要的保障和依据,能有效防止法律空当出现在执法工作过程中,确保执法顺利开展。

德国实行地方自治,以柏林市为例,市参议院设置众多委员会,每个委员的参议员领导人负责城市行政事务的各个方面,参议院通过立法规定秩序局对城市管理的权限和职责。德国秩序局的职能与警察的执法方式类似,具有独立的执法权。警察局和秩序局各自都有独立的执法队伍,如遇到违法事件发生,可单独进行执法和取证,法律对其行政处罚权利也做了相应规定。秩序局的执勤人员在街道上出现的频率比警察更加频繁,由此也就充当了政府当局的眼睛和耳朵。秩序局职权范围较为广泛,市民生活和出行等方面都有所涉及。秩序局的日常执法也是比较广泛和普遍的,在对企业、商铺、小贩的管理中,都能够看到他们。秩序局有权对违法人员进行处罚或者扣押物品,但是没有人身扣押的权利。对于普通民众来讲,秩序局是一个服务机构,而不是管理机构,它是为当地的民众提供服务、维持城市正常运行并努力提高民众生活质量的机构。只有以这种理念和原则为导向,秩序局才能在民众中树立政府服务的良好形象,也可以在执法过程中得到民众的理解与支持。

在德国,对流动商贩的管理采取的是许可证制度。德国秩序局受理商贩的申请,并审批设立摊点的申请。申请的程序也比较简便:申请人首先登录秩序局网站下载表格,然后按要求填写,最后将填写后的表格邮寄到秩序局即可。这个许可证指定了相应区域可以用于摆摊经营，申请者需要缴纳一定的管理费，用于清理商贩在街道上产生的垃圾。收费额度较低，不会给申请者造成经济负担，申请者本身也能意识到摆摊的不良影响，通常会自觉支付相关费用。

总体来说，德国遵循的是执法适度的原则，也就是说执法人员开出罚单之前通常会考虑三方面的因素：第一，执法是否有必要。第二，完成该执法是否存在可能。第三，有没有缓和矛盾或冲突的方法。对于初犯或因疏忽造成的过失，德国执法人员一般会警告对方；对于必须进行处罚决定的行为，一定会先了解被处罚人的原因和诉求，这样就有助于执法人员再次审查自己执法行为是否必要，也最大限度地避免了无端的争议。在处罚决定生效前，上级部门会对处罚决定进行二次复核，以避免出现错误。此外，执法人员在执法工作中一般不会与被执法人发生接触。德国执法人员履行执法职能和运用的执法方式，有效避免了暴力事件在执法过程中发生。

5.2.3　日本行政执法实践

与中国不同，日本不存在专门的城市管理机构。行使城市管理执法权的是日本警察。日本警察行使城市管理权具有合法性，日本有着相对完善的城市管理法律体系，如《食品卫生法》《轻犯罪法》《道路交通法》以及各地方的纲领性法规，它们共同组成了自上而下的完备的法律体系，该法律体系除了对城市管理进行了全面的规定外，还将对应的处罚流程列入其中，具备可操作性和合理性。《轻犯罪法》规定了轻型犯罪的 30 余种情况，诸如沿街乞讨、随地吐痰、便溺、随地丢弃污染物以及流动商贩阻碍他人和车辆通行等与城市管理紧密相关的轻型犯罪。对违法者，执法部门可以采取拘留、罚款或者两者并存的方式进行处罚。《轻犯罪法》涵盖了与城市管理相关的不文明行为，并将这些不文明行为统一纳入到法律监管体系中，最大限度地指导和规范了民众行为，同时也取得了城市管理的效果，提高了管理效率。《行政手续法》规定了行政执法所必须遵守的程序，特别是对行政相对人在执法过程中的申辩权利、陈述权利和解释权利的描述。执法部门必须有足够的理由和法律依据才能做出行政处罚决定。在日本，严苛的法律制度最大限度地保障了人权。如涉及城市管理的邻里纠纷或者占道经营等行为，市民可以提请市政府做出裁判。违法行为会得到市长的口头告知、书面提示或者是警告和指导。当然，警告和指导次数也有限额，当经营者一年内收到三次警告，则其营业权将被禁止。日本对于该制度的遵守也相当严格，政府会取缔没有经营许可、不听从市长命令或者不听从城市管理部门指挥的经营者。同时为了有效保护行政相对人的合法利益不受侵害，在做出决定时必须听取当地警察局的意见才能够实施行政处罚行为。

日本行政执法中，社会自治组织发挥了重要作用。典型案例为"町会联合会"和"町会"制度，这两个自治组织带有行政色彩，许多方面类似于我国街道和居民委员会。"町会联合会"承担着对青年和少年开展法律教育或培训的责任，内容以城市管理为主，涵盖垃圾的收集、参与警察和政府的管理活动、改善社区治安等内容。"町会联合会"的下一级组织是"町会"，"町会"承担治安、教育、环卫、社会福利、培训、税收和保险等工作。这两个自治管理组织，分别承担着城市管理的职能，在缓解城市管理压力方面起到了重要作用。

企业也承担一些行政管理职能，不少公司以行政管理模式命名。这些企业在厚生注册登记局取得管理资质，负责高楼、商铺和停车场的物业管理方面，管理参考依据为《水道法》《确保建筑物卫生环境的法律》等。

5.2.4 韩国行政执法实践

1988年之前，首尔市也曾被城市管理暴力执法所困扰。这时"全国摊店业主联合会"主动和政府进行交涉，首尔市政府集中精力进行对策研究，还在相关街道地段设置临时棚屋来引导商贩合法化经营。多年的发展和完善使问题有了极大的改善，总体来说采用的是区域化管理办法。在韩国，有明确的分级管理区域制度，首先是从法律上明确商贩合法的经营范围，其次是引导商贩组成协会来进行自我管理，并利用自治和完善机制，不断降低城市管理的执法成本，城市管理质量和效率提高也便水到渠成。具体做法如下：

韩国政府按照限制程度设置了三类商贩经营区域，分别是规范性引导区、绝对禁止区和相对禁止区。规范引导区指城市外围居住区附近的空地和车辆较少的河流两侧区域，以及因惯例而形成的传统市场等区域，政府在考虑到整个城市环境管理的过程中，对于经营范围进行了一些限制。绝对禁止区域指人流大、车流大的区域，包括主干道、道路辅线、城际公共交通站、城市广场等。绝对禁止区明令禁止商贩经营，并制定了处罚措施。相对禁止区包括学校周边、景区周围以及步行街周围等。在这类区域有明确摊位规模、经营时间和经营范围等规定，经营者首先要申请，严格筛选后才能开展经营活动。

韩国"小商贩业主协会"这一合法行业协会由韩国商贩们自主成立，其工作机制是在出现城市管理执法矛盾时由协会代表出面协商解决，在维护自身权益的同时也可以提高社会地位。另外，该机构也会牵头带领商贩们自觉遵守行业行为，做到自觉自律，同时还监督商贩行为，要求他们在绝对禁止区之外经营，坚决遏制脏乱差及破坏环境的行为。商贩加入"小商贩业主协会"后，协会组织也会实行严格的自我管理，协会本身就具有一定城市管理职能，对于商贩经营引导起着举足轻重的作用。在韩国，有合法的固定摊点，也有很多非法的流动商贩，管理部门在其不影响交通的情况下并不会使用强制性手段将其取缔。管理者充分理解商贩们生活中的不易之处，小贩们也十分爱惜自己经营地的卫生情况。两者之间的良性互动难能可贵。

5.3 各国行政执法实践的启示

5.3.1 对我国执法立法的启示

发达国家和地区基本上都是立法先行，执法在后。与发达国家相比，我国综合行政执法体系是以国家政策的形式开展的，多以先行试点并逐步推行的方式进行。按照政府"改革先行模式"的方式，相对集中的处罚权在未充分论证的状态下产生。这种涉及原则和方向的问题由上级来把握、其余工作由下级机关来发挥的工作方式，经常被法治化程度低的国家或地区采用。这种做法的优点是灵活实效、能够针对不同情况对症下药，而缺点是运行过程中没有规范化机制，从而导致各地方行政执法做法五花八门，缺乏统一性而使改革成果微弱。

目前，各国都意识到依法行政的重要性，发达国家的法律优先与法律保留原则已成为依法行政原则的基准，这里提到的法律是指国家立法机关制定并颁布的法律法规。法律优先原则是因国家行政机关制定行政法律的行为而提出的，强调了法律至高无上的地位。世界各国在推行改革之前进行相应立法来调整本国行政执法体制。美国、日本等发达国家的行政体制改革均实行立法先行的原则，通过制定相关法律来规范行政改革，以确保其顺利开展。因此，为解决我国目前行政执法存在的问题，必须首先完善立法工作。

目前，我国综合行政执法立法较分散，在步骤和连贯性上均缺乏联系。因此，建立统一的综合行政执法体系是有一定难度的。我国上海市的综合行政执法规章分别存在于文化、城市建设、人民广场管理、火车站管理、苏州河综合管理领域。因此，综合行政执法应做出全面的立法选择。

一方面可以制定全国统一的法律来保证执法依据的一致性。科学、民主立法能够明确立法权限，完善立法程序，强化立法监督，防止法律成为实现部门利益的工具。在维护法律权威、保持法律体系统一性的同时，防止下位法违反上位法。另一方面，规范立法还应当实行立法回避制度，凡是与所制定法律法规存在利益关系的行政部门均不应该参与行政立法的起草工作。同时还要实行开门立法，起草和法律有关的草案应当通过听证、座谈的形式征求社会各方意见，建立完善的意见采纳说明制度。在法案施行后，还应当定期评估，实施行政复议与行政诉讼制度来对立法效果进行严格把控。由全国人大统一制定《综合行政执法法》，并做出具体规定，为综合行政执法向纵向方向深层次发展提供法律支撑。该法应当涵盖综合行政执法的目的、作用、原则、主体性质、执法范围、执法运作方式、地位和职责等。还应该建立冲突解决机制作为补充，有预见性地对执法机关的违法行为进行立法，制约综合行政执法机关的越权执法，明确因执法机关不配合所导致的违法行为所应承担的责任。

5.3.2 对我国执法监督制度的启示

发达国家的行政执法体制相对于发展中国家来说是比较完善的。发达国家的行政执法机构权责统一、职权明确，有着健全的监督制度。英国是普通法系国家，尽管没有成文的宪法，但也存在大量规定行政组织法律规范的宪法条文。美国宪法主要对行政组织基本法律规范进行规定，其宪法规定，国会有制定必要和适当法律的权力，无论是授权给政府，还是授权给某个部门或者是授权给部门的某位，都要保证其行使相应权力。首先，联邦政府和州政府上下机构之间不重复，条块清晰并且事权划分清楚。这样一来就不存在是否对口的问题了，法律授权联邦各级政府根据实际情况来设立地方城市管理部门和执法机构。其次，行政管理体制清晰，严格区分哪些是职权范围内的，哪些不是职权范围内的。在制度的保障和监督方面，各州的行政执法体制都比较完善和成熟。再次，对执法人员进行严格培训，使其法治观念和服务观念普遍增强，执法程序较为完善，个人利益与部门利益完全脱钩，有效遏制了执法部门滥用职权来执法。最后，建立健全内部监督机制。行政机关内部相对独立运作的行政执法制度，能有效监督行政执法过程，还能有效解决纠纷以及提供行政援助服务。这对于促进社会和谐有积极意义，我国应该有效学习其中精髓，使多头执法、职权交叉、执法扰民的问题得到有效解决。

（1）建立新型行政执法体制

改进综合行政执法的根本措施是建立行政执法责任统一、职能集中、权威高效的体制。将纵向管理为主的模式转变为横向管理为主的模式，这是功能性体制的要求。将指挥命令转变为服务合作，需要行政权力的分化和整合。我们必须多想协调的权力，少想职权的分离。

只有坚持权力主体集中原则和适当分权原则才能够实现强化行政管理职能、提高行政效能的目标。权力主体集中原则最大限度地减轻了行政执法部门的行政执法权回归到政府的情况，各级人民政府享有该权利，不能将权力旁落。适当分权是指将相同的职能进行集中，不同的职能进行分离，其目的是改变纵向职能排列的配置，如对行政管理决策、执行等的配置问题，强化监督、集中执行、细化决策，这就逐步形成管理职能横向分布的局面。长远来讲，要将相关行政执法权都集中起来，尤其实行相对集中的处罚权，推进其他行政执法的集中，克服职权分散、交叉和执法力量薄弱的问题，必须保证行政权力和责任的集中与统一。

在进行综合行政执法时，我们鼓励同类职能适当集中。我国某县政府实行的"无缝隙政府"的改革与我们所提倡的同类职能适当集中有着异曲同工之妙。通过对我国某县行政审批制度改革的研究可见，改革的目标是创建方便市民办事的行政审批机构，提供高质量高效率的审批服务。该县这一举措与林登的"无缝隙政府"的公共部门重建类似。为了实现这个目标，我国也进行了一定的实践。例如，在设计审批机构上，我国东北地区某市某区政府对以往的行政审批机构进行了改革和重组，创建了"行政审批中心"和"市民服务中心"，这是一个跨越职能的独立部门，以此来统一行使审批权，替代了原先其他审批部门，实行"一站式"服务。在审批程序和审批内容上进行了大批量的削减，简化了办事程序，改变了审批服务的提供方式。

（2）调整行政执法权重心，解决多层执法的问题

国外的经验是事先合理划分中央和地方的权限，中央将执法权放权下放到地方，以解决多层重复执法的问题。立法机关、司法机关和行事规则区别的重要特征是效率原则，机构设置应当精干，其中间环节和层级应当减少，不能多层重复设置，不同层级行使不同职能，减少交叉。《全面推进依法行政实施纲要》指出要强化基层行政执法，加强执法队伍与地域的紧密联系，最大化发挥执法效能。实行相对集中的行政处罚权以后，有些城市撤销了市、区两级城市管理局，各区设分局，对外以市执法局统一的名义进行执法，这样就减少了执法层级。应当明确各级城市行政执法部门的执法权限，消除重叠交叉的情况。层级越高，宏观调控职能越大；层级越低，行政执法能力越强。

（3）加强监督制度的完善

权力应当被关在制度的笼子里，如果权力不受控制则会被滥用。我

国综合行政执法权对于相对人的权利和义务有着直接影响。监督权是维护行政相对人权益的重要保障，也是监督行政机关履行其法定职责的必要权力。行政执法的内部监督是在体制内进行的自我约束，也是最常见的监督，包括内部审计、层级监督等。外部监督是国家机关、各类组织以及个人作为监督对象对执法行为进行监督，此外还由社会、司法和权力机关进行监督。通过国外的经验我们可以得到以下启示：

首先，完善内部监督。应建立内部的行政执法审查制度和纠错追责制度。应要求执法机关对执法过程进行记录。建立内部监督机构对其进行监督，而且要避免流于形式。凡是涉及行政复议、行政诉讼改变或撤销的行政案件，都必须追究执法人员相应的法律责任，这样才能促进执法人员增强责任心、自我监督、自我约束，从而改善执法状况。

行政机关之间有必要建立相互监督和制约的机制，综合行政执法机关从专业管理部门中分离出来，他们之间既有相互联系的一面，也有相互制衡的一面，因此要不断协调关系，便于相互监督。

综合行政执法是一个组织体系，有上下级管理机关的区分，实践中上级对口机关由于未理顺与同级政府之间的关系，往往出现监督不力现象。综合行政执法应以对口主管机关的监督为依托，即对口主管机关在整个监管活动中处于动作层面的地位，其他机关监督的实现也必须依靠对口主管机关的监督。

其次，应当完善外部监督。行政公开制度是最好的措施，只有建立起该制度才能将综合执法机关和工作人员活动展现在社会监督之下。行政公开要求行政执法依据、权限、期限处罚决定等向社会公开，这样才能够使相对人有了解监督保障的机会。

行政诉讼法是保障公民、法人等当事人权利的最后屏障。当事人如果对于执法处罚不服，可以向政府申请提出行政复议或行政诉讼。应当建立检察院庭审监督行政诉讼制度，依靠庭审程序监督与实体性监督等监督模式，程序监督主要判断每个环节是否符合程序、裁判事实是否清楚、程序是否充分。检察员可根据监督情况来建议实体或程序违法裁决的抗诉。

总体来说，应当建立全面完整的执法监督体系，内部和外部监督结合才能充分发挥监督体系的作用。

5.3.3 对我国公安与综合行政执法活动关系的启示

警察除权化是指一些国家削弱"一警多能"的制度，将卫生、环境、劳动等方面工作划给一般行政机关，目的是避免整个公共领域和执法过程中有警察的参与而降低效率的情况。在德国和日本，只有在危急的情况下，警察才会出面解决问题；而美国和英国等国家都是由警察来具体实施城市工作的，我国综合行政执法就是在借鉴发达国家一警多能的基础上发展起来的，例如上海就在这方面进行了积极探索。静安区在2001年初组建城管监察队，紧接着改革巡警体制，集中行使治安、市容、环境等方面的执法权力。这是我国综合执法借鉴发达国家一警多能制度的成功案例。

警察执法的执法权威高、范围覆盖面广，面对城市管理职能应当实行"一警多能、多用"及综合执法的方法。北京市王府井地区曾开展过捆绑式四点一线联合执法方式，这也是对于国际做法的一种借鉴。四点一线的具体做法中，四点具体指王府井步行街南门和北门、好友世界商场门前广场、天主教堂前广场；一线是指金鱼胡同到东安门大街，由王府井大街派出所和城管分队以及工商所和环卫队等职能部门各安排一人，组成联合执法组。这种四点一线的责任划分方式，实行人人负责、上车巡视、下车管理的联合执法模式，体现了公安对于协助综合行政执法的特殊性。

我国应将公安和综合行政执法相联系的机制运用到综合行政执法过程中，突出公安部门对综合行政执法的保障作用。公安部门可以派出一定数量的警察随同综合执法，这样的方式可以有效避免暴力案件的发生，也能够有效保障执法人员的安全。北京市在实施全面综合执法后，积极保障综合执法人员的人身安全，各个区的综合执法机构都有相关干警的配备，每街道配属两个人组成巡查分队，人事关系属于公安。

城市管理执法局组建初期，有的试点城市派驻公安机关进入综合行政执法队中，对执法机构的诉求有求必应，同时也有公安机关派驻领导兼任综合行政执法队的职务，有的在公安机关设置执法协调机构统一配

合行政法机关开展执法活动。总体上来说，这些方式都为综合行政执法
起到了良好的协调作用，但是这种模式的弊端是形式主义过于明显，具
体实施过程中易受到警察个人素质等问题的干扰。

整体与系统是应对目前城市管理工作复杂性的重要方法，公安执法
权威高、内容覆盖面广，可以利用自身优势，管制影响社会秩序和环境
的问题，对于提高城市管理水平有极大益处。综合执法机关、公安机关
两者联合起来执法可以对违章者造成震慑的作用，从而减少暴力执法发
生的可能。

以上这些先进经验也是值得我们学习的，针对执法特点加强公安机
关对行政执法的保障力度。原有的公安分局划拨一部分机构作为城市管
理分局或是成立公安城市分局，可以从根本上解决城市执法保障方面的
问题。另外，《治安管理法》的修改应当与时俱进，我国可以以先进省
市为师，切实加强公安机关对于行政执法的保障。在法规层面上，增加
行政综合执法方面的内容，城管警察应当对暴力抗法和制造噪声、损坏
和偷窃公共设施等行为做出执法保障。

5.3.4　对我国综合行政执法程序的启示

只有在程序的约束下，才能避免执法过程中由于激情冲动造成的悲
剧，暴力执法就是典型的案例。从纵向关系的角度来看，在中央政府的
监督指导下，地方管理发挥着主要作用。这种模式需要中央政府对综合
执法制定相应的程序和标准，才能够实现"科学系统、制约有效、运行
畅通、全面创新"的行政执法体制建设。目前行政执法流程存在的问
题，可以通过"修""删""增""废"的形式进行处理。借鉴外国经
验，规范的城管执法程序可以为被执法者带来法律上的诸多保障。

（1）强调公众参与

城市管理执法中的被执法者是执法对象，规范城市管理执法程序与
他们的利益休戚相关，因此他们最具有发言权。作为社会的弱势群体，
面对强大的执法者他们很难维护自己的权益，不完善的法律体系使他们
在暴力执法面前更缺乏安全感。以人为本思想的核心是尊重情感，充分
发挥各个成员的作用，增加其对社会的贡献和热情。将以人为本思想融

入行政管理中，可以加强个人和集体之间的密切联系。一方面，可以使公众在执法程序制定过程中充分参与，使其在享有知情权的同时增强维权意识，而且也能够作为有效的法治宣传。另一方面，公众应当对城管的执法权限、执法标准充分了解，只有这样才能对其进行有效监督。通常可以采用走访市民、公共舆论宣传、听证会等形式，尤其应当发挥听证会的作用，进行相关决策时召集利益相关方及专家，在允许其充分发表意见的基础上协调各方利益。这样的决策过程能够极大程度提高科学性和准确性。

（2）完善信息公开制度

城市管理综合执法工作必须重视行政执法法律法规及规范性文件的公开，同时将处理案例的各方面信息公开，这样有利于公众对执法行为进行监督。当下，行政执法中的许多问题都源于执法过程透明度低，长久以来人民失去了对执法人员的信任和对执法结果的认可，也就很难有履行相关法律义务的积极性。为解决这个问题，日常工作的工作流程、日常巡查、案件审理及执法人员违规行为投诉、执法绩效考核等都应当公开处理。

我国城市都应当逐步建立城市管理综合执法网站，及时进行维护，定期在网站公布、在宣传栏里告知群众工作近况，这样有利于为信息公开提供保障。

信息公开制度依赖于计算机、信息、网络技术的快速发展，先进的科技治理手段不仅保障了信息沟通的通畅，也降低了成本、提高治理效率。电子化治理可以有效实现治理扁平化，减少层级障碍，为信息公开提供了重要支撑。

（3）严格执行行政执法程序，强化听取陈述和申辩制度

大量事实表明，虽然严格执法程序会造成行政执法成本上升，但化解执法者和被执法者的矛盾所带来的社会收益远超过行政执法成本上升的部分。执法过程要求执法者统一着装、佩戴标志并标明身份，说明处罚理由并听取陈述申辩，然后执行行政处罚。处罚后还会告知被处罚者其依法享有的权利等。我国现阶段执法程序落实不严格，导致执法人员追逐商贩的现象时有发生，听取陈述和申辩无法落实。在执行行政执法

程序时，我们应现场笔录，将执法处罚和申诉理由及是否采纳等记录在案。另外，调查取证是查清事实、正确适用法律的前提，也应当作为工作的重要程序。

5.3.5　对我国执法理念的启示

目前，我国政府的各项工作都充分体现出对社会和民众的服务，并将其融入办事手续、工作方法等各个方面，这种工作理念带来的工作效果也十分显著。在行政执法人员上岗培训的教育工作中，培养服务理念是一项很重要的内容。只有执法人员法治观念和服务意识增强，才能够规范执法行为，尤其是部门利益和个人利益完全脱钩，才能有效杜绝执法过程中乱作为和不作为等现象。

我国也存在暴力执法的现象，这是因为综合行政执法机关发展不成熟，对行政执法人员的教育程度不够。在规范化程度不够的情况下，这类问题就很容易发生，因此服务理念培养是教育和培训行政执法人员的重要内容。城市管理综合行政执法的目的并不是进行行政处罚，而是服务民众。只有维护公民权益、实现公共利益，才能够真正实现依法行政。

我国行政执法体制改革过程中，需正面对待传统行政权力缺乏合理性的问题，减少管理权力中的对抗，在多元化发展的社会中增强合作性服务职能。我国行政执法目前止步于行政处罚，偏离了信息时代的执法的服务精神。行政执法改革，只有赢得公众在维护秩序中的合作才是真正的成功，因此不应当将改革重点落在处罚上。综合行政执法并非单纯的管理关系，管理只是手段，服务才是目的。应努力理顺执法关系并构建和谐执法环境，开展亲民化执法来增强执法社会效果。政府与百姓的关系更重要的是服务与被服务、保障与被保障的关系，服务性实际上已经成为目前"福利国家"政府的本质属性，行政执法更应该体现政府的服务性。

柔性管理模式就是要建立和发展多元的、立体的、兼采强制性行政与非强制性行政的行政管理模式，采取包括行政奖励、行政指导和行政合同等非强制性的模式代替传统的强制性和单方面性的管理模式，以体现私权在公权运行中的渗透性，从而达到保障私权的目的。如我国在综合行政执法中引入非强制性的行政指导方式，一方面能节省行政执法部门的财力、物力和人力，使法律法规充分发挥作用；另一方面也能减少行政相对人的抵触情绪，更好地完成行政执法目的，提高执法效果。

5.3.6　对我国高素质执法队伍建立的启示

为加强综合行政执法工作，建立了相关综合行政执法机构，然而新职能部门人员来源复杂导致其素质参差不齐。这样不具备足够权威的部门来统筹行政执法工作，一方面会影响执法工作整体规划部署，另一方面无法形成多部门共协调的标准化工作格局和工作机制，难以使执法者和被执法者达成共识。此外，在城市管理行政执法过程中，协管员没有行政执法及行政处罚权，只能进行协助工作。然而部分地区协管员滥用权力，冒充正式执法人员乱收费、乱罚款，甚至行权范围超过了正式执法人员。这样的执法队伍建设在面对社会低地位、低收入群体时，往往更容易滥用权力，导致暴力抗法的现象时有发生。

面对这样的情况，应提高政务服务标准。首先完善我国综合行政执法人员的聘用、考核、培训、晋升、工资福利、奖惩、监督等一系列制度。执法人员应经过上岗执法考试、培训考核等一系列程序才能够被录用，上岗考试不合格者坚决不予录用，培训期间未达到要求的坚决辞退。公务人员的工资及经费由财政解决，将行政执法经费纳入政府预算，保证行政执法机关和人员的经费和工资。行政执法机关所收经费必须全部上缴财政，与收费单位的经费划拨要完全脱钩，从而有效避免自收自支、自费执法的现象。要重视培训过程，各级政府部门开展行政执法标准化工作相关知识和实务教育培训，采用多种方式使行政执法工作人员认识到执法工作标准化的重要性和意义，使其积极树立执法工作标准化观念，自觉积极推动执法工作有序开展。

另外还应当建立健全考评机制，对执法队伍的工作纪律、廉政建设、执勤情况、程序落实、工作效果等情况进行量化考核，奖励先进、惩罚后进，保证执法效率最大化，杜绝暴力执法与不良行为的出现。建立行政执法者责任追究制度来纠正违法行为并保障当事人合法权益，必须追究犯有过失者及直接领导的责任。健全责任追究制度也是法治社会和民主政治的理论要求，只有这样才能够保障行政执法利民。

其次可实行定期轮岗制度。行政执法工作往往涉及不同部门、不同层级的利益，如果他们不互相交流则容易导致弊病。因此需要建立权威、高效的协调机制，有效推进不同部门和层级的"透明运转"，而目前我国并未大范围建立这样的机制。

我国行政执法可以学习日本公务员轮岗制度，在省内和省间进行轮岗。行政执法人员级别越高，就越应当频繁流动。采用轮岗制度能够最大程度防止腐败，下一任会对上一任的贪污、渎职行为予以有效监督。广州市的综合行政执法工作目前已实行岗位轮换制度，即定期轮换岗位、定期交流，并以制度形式确立。各市区执法队伍与社区领导要保持即时沟通的状态，普通的执法队员和副科级以上干部，分别以2年为周期和1年为周期进行定期岗位轮换。这种机制的建立能够推动执法服务标准化的制定和实施，为执法工作标准化营造有利的舆论氛围和社会环境。

5.3.7　对我国行政执法和市场关系的启示

将市场机制引入复杂的城市事务管理能够有效缓解政府管理权力和资源的有限性。市场机制能够充分调动各企业参与城市管理的主观能动性，发挥各方作用将城市建设好。市场化是利用价格运作控制供求从而使之达到平衡，政府在其中通过"委托–代理"或授权的形式，形成政府与企业、与市场间的良性互动的氛围。履行社会职能时，政府始终扮演宏观调控的角色，充分发挥各企业及中介组织的能动性，提高管理效率，减轻政府负担，降低运作成本，提供更多公共服务产品。

新公共管理允许私人企业参与服务竞争，强调在社会公共物品与服务领域引入市场竞争机制，这种机制有利于将传统公共事务和服务融入市场。由此一来，城市在社会管理中的作用越来越显著。政府、私人机构、非政府组织等多元主体参与的管理格局基本形成。

欧美国家通过市场机制转移城市管理的压力，将政府行政压力作为城市管理的主要手段。美国部分城市管理的职能由政府委托企业来执行，法国委托企业管理政府公共财产，英国将城市管理职能私有化，日本由地方自治政府、企业和社会组织这三类主体对城市进行管理。我国综合行政执法可将全面管理、绩效考核、成本分析等优秀企业管理理念引入城市管理领域来降低政府管理城市的成本，提高城市管理效率，使城市管理效果显著。实践表明，市场化思维能够有效减轻因人口规模扩大及经济社会转型而给城市管理带来的负担。市场化不代表政府放弃监督管理的权力，反而是将政府职能和市场职能分开，政府应该在政策和法律制定方面投入更多的时间和精力。例如管理城市商贩数量可以通过划定收费区域，由此一来摊位的数量一定能够得到有效控制。另外，政府购买服务能有效遏制政府在公共领域的垄断局面，为服务提供商提供相对公平竞争的机会，在综合因素的作用下，选择最优的承包方，能够提供更高质量的公共服务。这样政府可以集中精力进行监督、指导、管理、考评。

我国某市在市场化方面进行的有益探索值得其他各省市借鉴。某市实施的"门前三包"工程就是市场化的良好结果，这种有益的探索能够更好发挥市场对资源配置的决定作用，同时，为综合行政执法改革工作引入市场机制提供了思路。

然而需要注意的是，并不是所有城管工作都适合外包。相对于市容秩序类的工作而言，市容环境建设和城市绿化等更适合外包。从国际上看，未见某个国家将市容秩序领域外包给企业管理，只有类似于市容环境、城市绿化、市政设施领域才存在外包现象。

5.4 本章小结

本章介绍了美国、英国、新加坡三个英美法系国家的行政执法实践活动经验，以及法国、德国、日本、韩国四个大陆法系国家的行政执法实践活动经验。由此得到对我国行政执法的启示，包括对我国执法立法的启示：进行系统全面立法、完善行政组织法；对我国执法机构与监督制度的启示：建立新型行政执法体制、调整综合行政执法权的重心，努力解决多层执法问题，同时要完善监督机制；对我国综合行政执法活动与公安机关关系的启示：努力增强人民公安对综合行政执法的保障和支持力度，在综合行政执法部门内部设置公安机关；对我国城市管理行政执法程序的启示：强调公众参与、完善信息公开制度、严格执行行政执法程序，强化听取陈述和申辩制度；对我国执法理念的启示：要建立和发展多元的、立体的、兼采强制性行政与非强制性行政管理模式；对我国建立高素质执法队伍的启示：完善综合行政执法人员的任用、考核、监督等方面的一系列制度和实行定期轮岗制度；对我国行政执法和市场关系的启示：城市管理能够与市场化相兼容，"大城管"思维应当改变。

第6章　我国综合行政执法现状的实证分析

6.1　我国行政体制剖析

6.1.1　行政执法机构的设置

行政执法机构主体一般为行政机关、行政机构。行政机关主体包括国务院、国务院各部、各委员会、国务院直属机构、地方各级人民政府和地方各级人民政府的职能部门；行政机构是行政机关的一个非独立组织，它代表行政机关处理各项行政事务或机关内部事务，原则上不能以自己名义独立对外行使职权。但在有的情况下，法律、法规、规章直接把行政处罚权授予了行政机构，这时行政机构就获得了行政处罚主体资格。这主要有两种情况：一种是行政机关的内部机构成为行政处罚主体；另一种是行政机关的派出所机构可以成为行政处罚主体。

一些地方执法主体一部分属于直属机构，还有一部分属于政府部门或者是监督单位的内部部门，它们的建立和调整基本上由同级人民政府

或机构进行。可以说，行政执法机构的设立管理基本上依赖于地方行政
部门的监督或自律。这些执法机构建立了基于各级地方的管理方法，并
制约自己。这增加了各地区和各部门追求自身利益的可能性。从省到县
到乡镇，他们都希望有一部分权力，并在争取权力的同时打造有自身特
色的执法队伍。同时，也在客观上为"部门保护主义"或"地方保护主
义"创造了条件。

组建一支具备专业技术能力的执法队伍要求省内有关部门及其专业
执法队伍以及市一级有关部门，根据其需要设立市、区、街道等多层次
的综合执法体系。值得注意的是，在一些地区，公共机构执行了大量的
执法职责。例如某省，已经有114个文化市场的检查机构被批准成为公
共机构，包括公共安全、工商业、税收、医疗卫生、食品、海关和农业
在内的近40个领域，同时还包括如渔业和畜牧业，林业和文化产业等
需要进一步完善其职能的领域。结果是行政执法机关、执法机构组织结
构臃肿，严重影响了执法的效率。

6.1.2 行政执法权

行政执法权力需要关注的问题主要是权力的建立、分工、适用和监
督。制度的建立与行政执法权的划分紧密相连。在实际操作中，国家立
法的法律划分、国家行政系统内的功能划分以及地方政府的划分和实施
均可视为典型。值得注意的是，这三个系统交织在一起，缺乏强有力的
整体和部分协调原则与制度。行政管理的应用执法权主要包括行政主体
的适用、行政委托和使用以及行政许可。在行政监督意义上，涉及行政
主体的并不常见，一般来说都是委托非政府机构组织和制作，以实现执
法活动的下级行政组织的目的。委托和授权单位一般没有行政执法资
格，是以各自行政机关的名义执法。这些单位既不享有判决的权力，也
不承担相对的行政法律责任，这就导致他们作为主体忽视责任感。因此
这也是不断改善执法队伍能力的一个重要切入点，通过责任落实和责任
追究，能够更好地为地方群众服务，解决制度上的困难。除了较成熟的
司法和行政监督制度外，行政执法权的监督还主要依靠自律。至于同级
之间进行监督，由于没有形成权力层次，很难做到有效监管。

6.1.3　行政执法机构的组织管理形式

行政执法机关和执法权的运作主要依靠党的组织领导。依靠党的各级组织制度，实行人事管理，包括干部任用、晋升等。在此基础上，我国行政执法的组织和管理主要有两种形式：

一是基于行政隶属关系的实质性管理。各级政府负责这一级别的行政执法，各级地方相对独立和分离。管理内容不仅包括当地执法事宜，还包括当地执法机构和人员的管理，以及重要内容的物质生活和工作资金的财政分配。因此，这种管理是真正意义上的管理。

二是基于具体行政职能的专业企业组织领导者。它主要指职能行政的常规业务指导。这种形式通过行政级别对其进行影响。相关法律事务由政府专门从事法律相关工作的部门负责，为重大法律问题提供咨询的服务，托管各种各样的行政复议和诉讼案件。中国行政执法领域有鲜明特色的专门委员会，组织协调专业企业的宏观管理和重点执法活动。特别委员会不属于我国的官方机构，但在实际工作中，由各级中央或党委的主要领导参与，吸收有关党、政府和军队成员作为会员，召开联席会议处理重大事务，领导党委进行全面联系。行政执法水平最高，组织和业务能力最强。通过它们的组织和协调，联合执法，对重大案件进行共同调查。虽然它的出现已经将各种资源融为一体，并在短期效应方面取得了显著成效，但并未从根本上解决合理分工的问题。

6.2　改革政策解读

6.2.1　从"依政策办事"到"依法办事"

20世纪80年代以前，中国的行政管理基本上是以人民的治理为基础的。行政机关及其工作人员主要按照政策行事，按照领导的指示和命令行事。

自1980年以来，国家认识到法治建设对于推动社会主义现代化建设的重要性，因此制定了一系列法律、法规和政策性文件，并长期实施。中国特色社会主义法律体系初步形成，依法行政逐渐成为一种趋势。1989年，《中华人民共和国行政诉讼法》在第七届全国人大四次会议上通过，这是中国政府与民间关系的一个新的里程碑，完成了从"只有官员告人民"到"人民告官员"这一变革。从此以后，中国行政领域的相关法律逐步健全，《中华人民共和国行政处罚法》于1996年通过并施行，这不仅是对中国法律建设的极大完善，同时也对中国行政执法工作的依法进行起到了极大的推动作用。

但是，由于中国长期的"人治"根深蒂固，法律一直被视为管理工具。行政权力掌控资源配置，使"权力寻租"现象成为必然。特别是行政处罚往往给行政执法机构带来巨大的物质利益。此外，长期以来由于财政资金不足，吃"杂粮"已成为行政机关自谋资金的重要途径。因此，一些执法机构敢于践踏法律，滥用权力，以谋求部门的利益和小团体的利益。一些执法机构敢于违反财务纪律，拖欠、拦截、私人分割、挪用罚款，使本应交给国库的罚款流入小金库。《中华人民共和国行政处罚法》明确规定关于行政执法过程中的相关处罚决定应当由全国人民代表大会制定，其他部门或个人均无权规定。近二十年来，中国的行政法律制度逐步健全，依法行政也逐渐深入人心。

6.2.2 法治行政体系初步形成

政府必须依法行政。但是要依据什么法律？是"坏法"还是"好法"？如果政府依赖"坏法"，则"法律"越严格，对人民越有害，这也是同我国行政执法工作的出发点相背离的。从内涵的角度看，我们认为行政法治首先要求政府在制定行政执法相关法律时应当顺应最广大人民的根本利益，而不是为了迎合小部分人的利益。政府的立法既要兼顾管理的要求，还要有利于我国经济的发展和社会的进步。为此，应建立宪法审查制度，最高权力机构和最高司法机关应加强对政府指定立法的宪法审查。其次，法治行政要求政府严格遵守法律，公务人员应该坚定树立法治政府的理念。再次，依法行政要求公民的权利救济制度更加完善。在日常生活中，公民的人身权利和财产权利如果被政府非法侵权，可以通过行政复议等多种渠道向政府部门进行申诉和获得赔偿。

行政执法的另一个方面是，在处理公民权利时，应当建立"法不禁止即自由"的概念。法律法规通常以列出的方式规范公民的权利和自由。事实上，法律应当限定公民不能从事的事情，相反法律没有规定的就是公民可以做的。法律不能也不需要将其一一列举出来，但这一事实并不代表法律限制公民享有并且行使这些未具体说明的权利。值得注意的是，在执法实践中，管理者常常认为公民权利必须有明确的法律依据，否则就会受到公共权力的制约。例如，1995年12月，某医科大学做出了规定，从1996年开始，学校不允许招纳吸烟的生源，就是因为吸烟已经成为当今世界公认的三大不良习惯之一，希望通过此举来保护公共环境。为了人类健康应积极推动禁烟，作为培育白衣天使的医学院也应充分发挥其应尽的责任。但做出上述决定的人可能没有意料到，即使这个决定的初衷是好的，并且做出该行为也是有据可依的，但这同公民享有接受教育的权利有着极大的背离。虽然吸烟有害身体健康，但吸烟毕竟不是法律禁止的行为，因此学校不能以此为理由拒绝学生。当然，公民有行使其权利的先决条件。这个前提是不侵犯社会福利，不破坏社会秩序，不影响他人的权利和自由。法治的现实要求是要在法律的允许下行使权利，每个人都是平等的，每个人都可以在法律没有禁止的范围里自由地生活。这同样适用于政府，政府机构的权力也只能在法律允许的范围内行使。

面对"法治"，我国政府和学者对其有自己的理解。近年来我们也欣喜地看到，在《中华人民共和国行政复议法》中人民所享有的权利正在变得越来越大，人民有了更多的途径和办法来维护自身的权益，这样在他们同政府部门产生纠纷时，能够更好地进行申诉，法治政府逐渐得到认可，也推动了中国行政执法的进步。

6.2.3 行政执法逐步走向实体与程序并重

行政程序在我国政府早就得到了关注，比如对干部的任用、评估、奖惩、选拔和监督的行政程序非常详细。但是，传统的行政程序是威权体制的一种附属品，并不具备独立的行政权力。事实上，法治的关键问题是程序问题。

程序正义已经成为现代社会法治管理不可或缺的一部分。由于行政执法人员在执法过程中有很大的变通空间，给行政执法工作带来了不确定性。因此，行政执法人员应当遵守管理人员发布的命令，保护弱势群体的利益，从而使程序秩序能够建立相应的保障，达到人类社会一直向往的正义和公正。公平不仅仅是作为一种诉求存在，而且是公众始终相信它的存在的。合理的行政程序可以起到自我约束的作用，为避免执法工作的随意性，应当进行更加详细的制度设计。另一方面，一旦行政程序失效，行政自由裁量权就会成为一种不当的行为。程序正义重要的原因在于，实体法规范不可能规范日常生活的各个方面，这使得实体监管存在滞后性和非永久性。一方面，在法律概念上，不可能摆脱如"较轻的情节""感觉""严重情况"等语言描述，极难划分清晰的界限，而更复杂的立法也难以界定标准范围。因此，从实体法适用的角度来看，同一法律适用于同一案件，以行政自由裁量权，100名执法人员可能有100个不同的自由裁量权结果，但程序规则可以统一。1996年，我国《行政处罚法》的出台是行政执法的分水岭。《行政处罚法》是我国在该领域施行的第一部法律，具有里程碑意义。它确立了法治听证程序制度，为行政程序的编纂奠定了坚实的基础。它扩大了行政和程序权利，行政相对者增加了一层法律保护。

6.3 综合行政执法改革探索

6.3.1 Q市H区综合行政执法现状

近几年，中共Q市委、Q市人民政府采取一系列的举措不断改善营商环境，并将营商环境改善作为吸引投资、加快经济发展的重要推动力量。不断向国内外领先城市进行学习，努力改善营商环境，做好持久攻坚的准备。然而受不良习惯和监管不善的影响，露天烧烤、占道经营仍然是破坏居住环境和营商环境的顽疾。露天烧烤、占道经营行为不但损害群众利益、给居民生活带来极大困扰，还给综合行政执法管理工作带来较大的挑战。虽然省市两级政府先后多次出台过相关文件治理此事，但收效甚微，露天烧烤、占道经营的行为愈演愈烈。由于 H 区是居民聚集区，饭店商铺较多，尤其是 AG 街烧烤集中区扰民更为严重。

H 区某街为烧烤店集中区域，不足 300 米的路段有近 20 家大型烧烤店集中经营，受影响的有五个花园式居民小区。因露天烧烤、占道经营、噪声扰民的存在，该区域居民生存环境极其恶劣，已严重威胁居民的健康、生存和休息，尤其是夏季户外露天烧烤及引发的相关问题亟待综合整治。

该区域涉及综合行政执法的问题如下：

一是饭店自行圈地，占道经营。日间，饭店经常将座椅、遮阳棚等设施堆砌在户外人行道，占用停车泊位、人行路；夏季夜间，各家饭店均占用自家门前的机动车停车位、人行道进行圈地经营，并摆放桌椅招揽食客，还将烧烤炉、电视机、音响搬至户外进行经营。此种现象在每年的 6 月至 9 月之间尤为严重。

二是露天烧烤、灯光扰民。该区域饭店一年四季均在户外露天烧烤，烟味散布范围较广；饭店通常在自家门前安装超亮灯带，夏季时，饭店为了迎合消费者经常连续营业到清晨 2、3 点钟，夜间灯火通明已经严重影响到居民的正常作息。

三是墙改窗、违法设置烟道，侵占公共绿地。有饭店利用"墙改窗""墙开洞"的方式，通过居民园区设置烟道，占用园区绿地、楼体墙面、屋顶，并在居民窗前设置烟道。

以上问题带来了街头歌手增多，烟气污染，噪声污染等严重扰民的负面问题。夏季，由于露天烧烤、占道经营的存在，食客通常都在户外进餐，由此引来"卖唱"人员，借助扩音设备，声音巨大，严重扰民，经常延续到深夜。7 月至 8 月期间，派出所民警每天会收到数十起由于"卖唱扰民"引发的案件。但仅靠民警纠正此事治理效果甚微，且屡禁不止。

以上问题的源头均来自于露天烧烤、占道经营和私搭乱建等问题，属于综合行政执法范畴内。露天烧烤、占道经营的行为不但严重破坏了 Q 市"打造国际化营商环境"的大局，更是严重影响周围居民的权益。市民通过各种渠道多次建议对于该区域饭店违法、违章、不道德的经营行为予以整治，对于相关主管部门的不作为追责并严肃处罚，对于相关不作为的负责人追责或辞退。市民建议对该区域加强管理，并以该区域的治理为试点，为打造城市文明餐饮的样板，打造国际化营商环境和居住环境。具体建议如下：

一是建议拓宽该区域行车路面，改善该街交通堵塞局面，压缩饭店户外营业面积。经调研，此方案可行，因为该区域没有电线杆和树木，路面改造成本低，拓宽后可有效解决该道路拥堵局面，从源头上压缩可供饭店占道经营的场所。

二是拆除扰民烟道、外放音箱、悬挂灯带。要求拆除饭店在保利百合花园北园园区内部设置的烟道，恢复墙面原状；要求拆除私自改造的窗户和排风洞，并恢复墙面原状；要求其通过自家饭店门前合理排放，不得影响园区内居民；拆除饭店户外设置的用于招揽生意的外放音箱；拆除该区域所有饭店门前悬挂的所有灯带，同时拆除路边现已废弃的灯带和立柱。

三是明确行政执法部门的责任。该地区长期以来占道经营、露天烧烤的猖獗，与执法部门不依法行事、执法不严、推脱敷衍有直接关系，行政执法机构要承担很大责任。因此，建议执法部门在6月至9月期间，24小时响应居民投诉。其余时段可以采取监控取证执法，在该区域安装多点监控摄像头，24小时取证，次日处罚执法。

四是治理门前堆放物品的行为。该区域所有饭店均存在门前堆放杂物的现象，在人行路区域内堆放桌椅、烧烤设备、大型遮阳棚等。"××串烧""××串吧"等饭店尤为严重。

五是建立以综合行政执法部门为第一责任主体的常态化的监督治理小组，包括行政执法（负责露天烧烤、占道经营、破坏市容市貌行为的整治）、公安（负责生活噪声与治安环境的监控）、食药监（负责食品、药品安全）、环保（负责监督排放、噪声等）等多部门，并向社会公布举报方式，针对居民反映问题，及时作出处理意见。

该建议得到了Q市政协、H区政府的高度重视，在市政协提案的督办下，H区相关部门开展了一系列集中整治活动，整治期间收效比较明显，但整治活动过后，露天烧烤、占道经营情况继续反复出现。所以，集中整治的效果收效甚微，不能达到长期治理的目的。通过对"民心网"的浏览访问和实地调研，H区综合行政执法存在的问题属于普遍现象，具有一定代表性。因此，对其进行研究有着积极的意义。

6.3.2 X市城管综合行政执法中占道经营行为

城市管理综合行政执法涉及的方面有很多。其中，道路占用管理是一个典型事例，它受到了社会各个行业的关注。道路占用是指运营商占用城市等公共场所的行为。被占用的道路和广场具有以下特点：第一，从业者从中可以获利；第二，出现经济交易行为；第三，城市道路作为公共资源被侵占。

道路占用情况多发。从2012年到2015年，X市的商业案件总数为1 507件，其中2012年为378件、2013年为520件、2014年为461件、2015年为563件。据调查，占道经营群体来源有：一是下岗人员，他们多为当地人，约占30%，其中大部分为销售蔬菜和水果，提供生活服务的小商贩、小摊位，此类人员通常将失业作为拒绝配合执法人员工作的借口。二是城市的农民和农民工，约占60%。绝大多数人通过使用小卡车或三轮车运输果蔬来占用道路，属于具有高速的移动性和严重社会危害性的行为，可以轻易逃避执法检查，一般是以群体形式出现。他们中的大多数人承认错误但决不改变。如果行政强制实施，将会使群体产生暴力抗法的行为。三是劳动改造人员，约5%。四是一些退休人员和老人，约5%，他们经常在自己的社区占路摆摊，以自己的心脏病、高血压和其他疾病作为借口，不服从管理。

城市道路占用的商贩大致可以分为两类：一种是有固定的场所和许可证，依靠商店的固定位置来经营，如建材店、水果店等；另一种是没有许可证的流动商贩，他们没有固定的营业场所，主要出售时令水果、早餐、蔬菜、玩具等，且依靠市场，形成了市场化运作。占道经营的主体从个体转变为集体。管理的商品从单一的蔬菜和水果转变为各种日常必需品。运营地点集中在人群到城市街道，运营时间相对稳定，全天分布。这使得管理工作非常复杂，同时也造成了极大的资源和人力浪费。虽然占道经营在一定程度上解决了老百姓的生活问题，特别是创造了一些工作岗位，解决了残疾人和社会闲人的就业困难。但是，由于摊位随意占用道路，不可避免地导致负外部性，扰乱交通和城市秩序，造成环境污染等。

（1）分析占道经营存在的原因

① 出售商品的价格或提供服务的报酬较低，适合中低消费者的消费方式。流动商贩的长期无序管理与消费者的购物习惯有很大联系。自古以来，中国就有沿街叫卖的小贩，商业形式符合普通人的生活习惯。随着时间的推移，许多人已经养成了街头购物的消费习惯，习惯于在路边摊上买食物、生活用品，或修鞋、理发等服务。在某种意义上，占用道路满足了中下层公民的需求。

② 社会保障制度不健全。越来越多的农村人口进入城市，农村大批闲散劳动力为了谋生不得不向城市转移，其中还包括下岗职工、残障人士和失业青年等。由于受资金、文化、技术和年龄等限制，零门槛、投资少、见效快的小本买卖已成为他们谋生的首选方式。

③ 需求决定了供给，街头生活群体必然存在。此外，市场结构和布局不合理，会导致市场上少人或没有人进入市场。以 X 市为例，在城市地区建立的标准农贸市场数量很少，不能满足农产品贸易的需要。根据调查，53.79％的市民将城市配套功能不完善视为城市道路运营的主要障碍。农产品是市场交易的重要产品，但农贸市场存在布局不合理、市场管理不到位等问题，使得交易商不愿意进入市场，无组织地集中在城市的道路上，形成了一个占地很大的露天市场。

（2）规范和查处占道经营行为的现实困境

① 管理政策和法律相互矛盾，涉及的执法部门繁多。在综合行政管理中，存在着多部门交叉管理的问题，除了城市管理部门外，卫生行政等部门同样肩负着部分管理职责。例如，在举行食品或文化产品的商业活动中，城市管理部门的执法效果并不显著。只有在联合执法时，这些商业活动才能被有效管理，这在一定程度上影响城管部门的执法权力。

② 违法成本低，执法成本高，教育警示效果差。城市管理的法律、法规和规则没有明确规定城市管理部门后续监督的有效手段。当

占道经营者拒绝执行时，执法人员无权强迫他们支付罚款或更正，也不能对他们施加限制。例如，《昆明市城市环境卫生条例》第21条第8节规定"在城市街道上出售和非法设置摊位"罚款50元。对于大多数街头小贩来说，运气不佳被城市管理部门抓住了，只需支付50元的罚款，之后仍可占路经营。执法实践证明，没有采取综合管理的方法和措施，仅依靠罚款的行政处罚，很难给予占道经营者有效的警示和威慑效果。

③暴力抗法和暴力执法相交织。城市管理执法由于缺乏法律保护和支持，且执法内容涉及商贩的基本生存和财产权，容易引起矛盾。教育劝说往往无法解决问题，采取临时拘留等行政执法措施时，很容易引起对方的不满。由城市管理执法纠纷所导致的暴力事件时有发生。面对拒绝执法，侮辱和撕毁执法文件等行为，一些执法人员为了完成任务，可能会发生暴力事件，造成经济损失甚至人员伤亡。

6.3.3　D市综合行政执法改革试点经验

D市B区是经国务院批复设立的国家级新区，作为国家级新区其管辖着超过170万的人口，地区生产总值近2 500亿元，成为该地区的一个十分重要的经济发展引擎。B区同样是我国行政执法的一个重要试点改革区域，在国家有关部门的领导下，该区大胆创新，对综合行政执法工作重新进行了系统性的梳理，找出了很多制约行政执法工作的问题，并且构建了新型的综合行政执法体系，成为社会治理创新的典型范例。

B区在获得批准前，存在诸多限制综合行政执法工作的问题，以及互相推脱等体制机制性问题，行政执法体制改革工作被纳入该新区的整体改革发展规划。

综合行政执法就是将原有的多部门单独进行执法，转变为由一个专有部门整合这些执法力量，形成一个跨部门、跨领域的综合执法部门，以便解决原有执法模式的弊端。D区每年通过各种渠道反映民生问题的投诉举报近6万件，其中重点主要是违规建造、公共事业、超载超速等多角度。因为执法监督范围较大、涉及人口众多、执法复杂等问题，"专业执法"小队伍和大规模矛盾，使全面有效的监督无法实现。

针对这个问题，区域综合行政执法改革以问题为导向，科学构建"大执法"体系。建立"六位一体"综合行政执法体系。构建"条块结合、以块为主"新型执法方式。通过"一综"到底、"一职多能"，最终形成"一支队伍管全部"，从"专业执法"模式到"块结合基础"的"综合执法"模式的转变。执法过程更简单，权责更清晰，最直接影响是群众，当出现问题时群众知道要寻找哪个部门，并且不再有"被踢球"的烦恼。

建立专业的检察队伍。全力树立人民信任的"巡察"形象，打造执法品牌，在干部队伍建设中实行半军事管理，逐渐规范执法程序的一系列核心基础工作，如法律文件、管理机制、服装设备等，打造新区综合行政执法新形象，创建了一支真诚执法、能力过硬的执法队伍。

创新人事管理制度。弱化原有系统身份，根据"身份封存，充分就业，绩效考核，工资薪酬"的原则实施岗位管理，使人员做到可进可出，职位可上可下，福利可增可减。根据服务的资格和时间长短，派遣人员制定与岗位等级相对应的工资和待遇标准，实行梯级工资制度和灵活的晋升机制，以激发员工的热情。

打造智能化科学管理平台。将高技术智能系统应用于执法案件管理，完成对辖区内所有社会治理信息和监测资源的收集和检索，实现对社会保障、安全生产的监测。一线执法人员配置移动执法终端，方便与指挥中心可视通信，便于及时发现、快速通知和动态处置风险危险，构建一套层级分明、效率极高的综合执法体制。

破除行政壁垒，彰显综合行政执法"集中力量办大事"的优势。"一支队伍管全部"有效化解了推诿扯皮问题，处理问题"一步到位"。例如，在没有强制执行权的情况下，国土资源管理局卫星系统发现了非法建筑物，但却无法进行相应的处理。在信息共享后，综合执法局可根据城市管理相关法律法规强行拆除违法建筑。2015年1月初，综合行政执法局收到首批159张地图，仅用30天就处理完成。改革后，综合执法的覆盖范围得到了极大的提升，原有的盲点几乎全部消灭，实现网格管理和精细化执法。目前已经处理了包含土地、文化、交通、海上监视和环境保护等领域的521件案件，超过10万平方米的违法建筑被拆除。调查和报告的案件数量同比增加约50%，报告的投诉数量下降了30%，综合执法效果明显。

创新工作方法和执法方法，提高社会治理的有效性。部分地区已实现了执法过程的规范化，通过借助高清影音系统和技术，提升执法工作的透明化和人性化。处理案件的法治和程序化实现了从传统执法到新执法的转变和升级。监管方面，派出执法中队到全国27个乡镇，实施步行检查、流动检查、夜间检查相结合，实现无缝覆盖、高密度检查，实现"连贯执法"。

加强团队建设，提高人民满意度。通过团队建设、思想建设、人事管理制度创新、业务能力培养，提高对全面行政执法工作的认识、责任和荣誉感。建立服务型、学习型、专业化的行政执法部队，为人民执法。在具体的执法细节中实施真诚执法和文明检查理念。强有力的综合执法，不仅保障了最广大人民群众的根本利益，还促进了社会对法治的崇尚。

6.4 我国综合行政执法存在的问题

6.4.1 综合行政执法立法有待加强

目前，中国的综合行政执法的相关法律尚未涵盖城市管理、文化管理、环境保护等领域。因此应当进一步强化综合执法的法律性，在相关法律框架的监督和指导下进行相应的执法活动，解决现存的问题。城市管理综合行政执法权，明确了具体的执法规范，从根本上解决综合执法"借用执法"的形式，但同时缺乏对城市管理执法程序的精简和优化，这也是其合法性和便利性相结合的最大障碍。

6.4.2 综合行政执法体制有待变革

目前，我国没有建立健全长效管理制度，在城市管理的过程中，城市执法长期存在问题，尤其是执法工作的合理性存在较大的争议。执法问题屡次发生，因此亟须坚实的长期管理机制作为执法的依据。执法部门评估没有完整的指标体系，无法通过评估来推动部门建设。在现行管理体制下，各部门存在功能模糊、缺乏权限和责任、缺乏指挥和协调等问题，无法实现"无缝对接"，出现多个"盲点"和"死角"。因此，应当进行综合执法体制变革，以顺应时代发展的需要。

6.4.3　综合行政执法理念有待提升

执法理念对执法工作有着重大的影响，执法理念不健全会造成执法工作的不合理。在实践中往往存在领导指示强过法律规定的问题。执法队伍通常以"人性化执法"，以工作人员不足、业务不合理、罚款太高为由拒绝执法。法律执行者认为他们有行政执法和处罚的权力，但事实上，执法者只是受委托人，真正的委托人是人民群众。执法者应该充当"人民卫士"和服务者的角色。上述问题均源于执法的理念不正确，亟待纠正其思想，扭转领导和管理者的角色。

6.4.4　综合行政执法方式有待改进

落后和单一的执法方式无法满足当今时代的要求。一方面，落后的执法方式跟不上违法行为的增加和变化；另一方面，单一的执法方法导致违法者在非法行为和惩罚之间循环，这显然是降低了违法成本，提高了执法成本。

执法方式落后单一主要有以下原因：第一，行政执法管理方案并不完善。没有充分利用信息时代的高新技术。第二，没有适当的获取证据的手段，如视频取证等。第三，没有24小时多渠道案件接收平台，无法及时处理违规行为。因此，与时俱进地改进执法方式是提升执法管理方式的有效途径之一。

6.4.5　综合行政执法监督机制有待健全

多年来，H区AG街周边群众一直对"占道经营露天烧烤私搭乱建"等违法行为进行投诉举报，但始终无法达到治理完善的效果，执法者对于投诉举报置之不理的现象频发。只有反复多次地高强度投诉举报，才能够得到一两次重视，但治理效果依然不尽人意。

本书认为缺乏对执法者的有效监督和追责机制是重要原因。对执法者的监督难以实现的主要原因首先是上级管理部门不能有效进行监督和追责，缺少相关的制度；其次，限制执法人员行为的方式或渠道尚不清楚，无法使拖延拖沓的执法部门得到应有的惩罚。这个问题直接导致投诉维权的成本上升，使依法行事变得更加困难。因此，按照法律办事的意愿会下降，执法后呈现的效果会越来越差，而各部门均不为已经造成的后果负责，导致推诿责任的现象层出不穷。对于执法队的不作为，居民找不到有效的监督和投诉渠道，也就从未有对该执法队的追责。

6.4.6 综合行政执法信息化有待增强

目前，我国综合行政执法还无法摆脱落后管理，主要原因是执法信息的缺乏和智能执法的不足。当前电子政务快速发展，应该把握机会推动实践。针对缺乏信息辅助的问题，采取专家支持、业务报告和统计分析等解决方法。还要在上级和下级部门之间收集信息，例如定期检查和报告。法律执法人员应自己判断工作进展、监督工作进度、及时调整优先事项。

6.4.7 综合行政执法队伍有待培养

目前，我国综合行政执法没有准确的尺度，而且缺乏公平性，不依法依规办事、选择性执法的情况屡见不鲜。执法部门对于发生在眼前的违法违章行为有时会视而不见，甚至存在乱作为、专横执法、刁难当事人、以权谋私、吃拿卡要等现象。据饭店经营者介绍，受到故意为难和暴力执法等现象并不罕见。这就导致大家宁愿用"钱"解决问题，以求大事化小，小事化无，以达到与执法部门"和平共处"的目的。同时综合行政执法部门在责任承担上又存在着诸多问题，如缺乏衔接、规避职责、推诿拖延等。例如饭店破墙改烟道的问题，执法队将责任推诿到生态环境部门，环境部门认为具体情况有待商榷，而不做处罚处理。执法过程中的利益转移和"寻租"行为严重影响了执法的公平性。因此，需要规避综合行政执法部门滥用权力和谋取私人利益的现象，加强对综合行政执法队伍的培养。

6.5　本章小结

本章首先对我国行政体制进行了剖析，分别从行政执法主体以及行政执法机构设置、行政执法权和行政执法机构的组织管理形式三个层面分析了我国行政执法的体系建设。其次对新中国成立以来我国行政执法相关政策的演进进行了归纳和总结，根据不同历史时期行政执法的特征将其归纳为三个主要的阶段，一是从主要依政策办事到主要依法办事；二是法治行政体系初步形成；三是行政执法从重实体轻程序，逐步走向实体与程序并重。

在对我国行政执法体制和行政执法改革相关政策进行分析的基础上，分别选取Q市H区和X市为例，来分析我国行政执法中所存在的现实问题，以H区AG街多年来露天烧烤、占道经营、私搭违建的实际情况为例，分析H区执法队在城市的执法行为问题所在。

之后综合分析行政执法过程中存在的问题。通过实证分析的研究方法，归纳出我国综合行政执法存在的普遍问题，得出我国综合行政执法存在的主要问题，即执法理念存在问题；执法以权谋私；执法管理方式落后、单一；监督、追责机制不健全。

针对行政执法地方行政体制存在的问题，我们得到了以下启示：综合行政执法立法有待加强，执法体制有待变革，执法理念需要进一步提升；此外，综合执法的相关制度、体系还没有完全建立起来，需要进一步完善法治，建设综合执法队伍。

第7章 我国综合行政执法绩效考核体系建立

平衡计分卡是常见的绩效考核方式之一，可以作为政府部门的考核设计方法。利用平衡计分卡设计绩效考核体系能起到以下四大作用：首先是有利于组织的内部沟通和协调，最大限度地避免不同部门之间的分歧；其次是推进相关机构打造"学习型"组织；再次是提高政府机构为人民服务的意识和工作作风；最后是有效抑制制度性腐败产生和蔓延。

使用平衡计分卡的绩效评估方法在公司实践中取得了令人满意的成果，引起了政府的关注。目前已有许多发达国家将资产负债表引入政府职能管理中。鉴于平衡计分卡在发达国家的成功应用和经验以及中国政府综合行政执法部门的特点，本书认为平衡计分卡可以作为一种战略导向管理工具，能够应用于我国综合行政执法部门的绩效管理。

7.1　平衡计分卡用于绩效考核的可行性分析

7.1.1　"企业化政府"构建理念为平衡计分卡绩效管理奠定了理论基础和内在契合性

20世纪70年代以来，以美国和日本为代表的发达国家开展了新一轮的改革，这次改革创新了公共管理模式。政府部门在改革思想的指导下，放弃了过去的垄断模式，采用了市场管理模式。企业管理方法被一些国家的政府部门和公共管理部门广泛应用。企业化政府的管理模式应运而生，通过规划和研究现有市场，提高政府机构的办公效率，激发了政府工作人员的工作积极性。在这样的条件下，平衡计分卡作为具有鲜明企业管理特征的绩效评估模型，适用于政府的管理。

平衡计分卡的最终的价值导向与公共管理模式的思想本质具有同向性。第一，部门的发展目标是平衡计分卡的基础。在平衡短期结果和长期发展目标的过程中，政府工作人员的效率得到了极大的改善，未来的绩效和过去的绩效是平衡的。平衡计分卡是基于员工的个人表现而非公司运营的财务状况。政府部门的绩效考核的目的是结合当前政府雇员的成就、创造力、长期绩效和工作情况，考虑他们之间的协调关系。第二，平衡计分卡可以有效地整合政府的行为，通过评估组织的战略目标、实现组织的目标和提高政府部门的绩效，为政府职能部门的员工提供服务。因此将平衡计分卡引入政府管理是科学合理的。

7.1.2　行政体制改革为平衡计分卡的实施提供了有力的制度保障

政府绩效评估需要打破传统观念的束缚。假设没有合适的创新安排，完美的理念只会停留在概念层面，无法发挥其应有的作用。近年来，平衡计分卡管理体系的落地生根离不开政府的种种举措，为其提供了坚实的基础。

一方面，公众的意见是评价政府工作的重要组成部分。随着物质条件的不断改善，人们的心理和文化追求越来越高，同时，人们为了保护自身的权利，社会权利意识也会相应加强，参与国家政治的人民的声音也越来越大。此时公众日益高涨的政治参与度和目前法律规定制度的不同步是发展平衡计分卡不可多得的机遇。平衡计分卡的应用，需要社会群体的普遍参与，这样才能使评价结论更加科学有效。

另一方面，政府机构改革对行政改革有良好的促进作用。行政机构改革通过采用短暂和渐进的改革措施，使政府运行机构和经济体制改革取得了重大进展。中国政府广泛借鉴外国政府和企业在管理领域所取得的成效，并结合我国实际情况，为我国政府机构的行政改革注入鲜活的生命力，在一定程度上促进了政府部门稳定、可持续发展。

7.1.3 平衡计分卡在技术层面满足了综合行政执法部门绩效管理的现实需要

政府综合行政执法机构在管理过程中具有灵活性和多样性的特点。不同的政府部门追求不同的目标，即使是同一政府部门，不同分支部门的目标也会有所区别。这可能给公共部门的绩效评估带来许多问题，传统的绩效评估方法难以从技术上进行科学地评估，这是建立政府绩效评估指标的难题。政府的投入在一定程度上影响着考核的结果。我国政府部门难以像企业一样进行市场化操作，因此，在我国的政府部门中难以形成稳定的交易环境，经济学家称之为非市场产出。基于以上原因，政府绩效评估在实际运行中会更复杂。此时，平衡计分卡的实施可以很好地解决上述问题，它可以满足政府部门的绩效考核要求。从实际情况来看，平衡计分卡对每个维度进行定量分析，它不仅将目标变为实际行动，而且能有效地解决政府在实施过程中隐藏的缺陷。它从特定层面对公共部门绩效进行定量评估，更好地实现量化评估指标，使评估结果更加准确、科学，评估过程清晰易操作，从而适应现代公共部门绩效评估要求。可以看出将平衡计分卡管理模式应用于公共部门绩效评估，符合时代发展要求。

7.1.4 平衡计分卡运用于综合行政执法部门绩效管理的修正

在相关实践中，传统的方法很难对组织进行多维度的评价，而平衡计分卡能够有效解决这一问题。平衡计分卡适用于各种各样的组织团体。因此，政府可以将平衡计分卡完全引入其工作中。但是企业与公共部门存在差异，政府绩效评估与企业绩效评估之间存在的根本区别主要体现在以下两个方面：首先，以税收为主体的财政收入，其主要目标是服务社会大众，因此制定的各种规章制度应当符合当前人民的发展情况，保障民众的权益；其次，政府公共行政部门在管理过程中并非以营利为目的，绩效考核没有物质性的参与，而是将社会民众对服务的满意度作为评价标准。因此我国综合行政执法部门在引入平衡计分卡系统时需要根据所使用部门的实际状况进行调整，不能脱离现实。

7.2 综合行政执法部门战略目标的制定

平衡计分卡追求战略管理，强调指标的平衡，重点关注沟通协调的基本概念。这符合国内外政府部门绩效考核的目标。他们都要监督政府部门更好地履行职能，提高服务水平。因此，平衡计分卡同样适用于政府机构作为业务管理工具的运作。但是，平衡计分卡管理机制并不是简单地划分为一系列逻辑相关的评估指标。平衡计分卡是一种十分成熟的考核方法，同时也十分适用于评价综合执法工作。在本章，我们使用这一方法构建绩效评价模型，为综合执法部门的战略制定提供依据，建立基于平衡计分卡的综合行政执法部门绩效管理模式，并在此基础上制定战略地图，对综合行政执法部门评估范围进行分解，设计相应的指标体系。

7.2.1 基于平衡计分卡的综合行政执法部门战略目标制定方法

平衡计分卡原理能够应用在政府部门绩效评价中的主要原因是它专

注于战略目标，并能将围绕战略目标的若干个维度的指标连接起来，形成一个逻辑网络，同时，细分的指标使每个部分都可以发挥自身作用。战略管理对平衡计分卡的评估标准具有重大影响，设计指标之前，有必要阐明组织目标和战略意义，并使其适应外部环境。战略目标是确定组织方向和最终目标的重要途径。制定良好的战略目标能最大限度地将资源利用起来，并且能有效地解决关键问题。

政府绩效评估的重要标准之一就是政府为社会民众所提供的价值和服务水平。平衡计分卡基于人们的需求定位绩效评估的维度和模式策略。这里的需求是利益相关者的需求，这取决于组织者如何做出决策。政府部门决策层在确定战略目标时，应对内部和外部环境进行科学分析和研究，通过横向和纵向的比较分析，充分了解优缺点，了解当前形势的发展是否符合当前的发展战略。

在制定战略的过程中，环境的变化会影响规划者的制定过程，因此要及时调整战略方法。实践中，政府机构在制定战略目标时一般有以下几个步骤：第一，检查现有流程的战略评估；第二，进行SWOT分析；第三，实施利益相关者分析；第四，确定战略主题；第五，制定战略。

7.2.2　综合行政执法部门战略目标的发展

随着新的公共服务理论的广泛传播，中国政府部门的战略发展和规划有了新突破。在党的十六届三中全会后，中国政府提出了科学发展观，从战略全局的角度为综合执法指明了发展方向，以新颖的方式推进服务型政府观念。政府服务的公共服务理念深深植根于所有公务员心中。在权利方面，我们必须充分尊重人民的权利，保护人民的基本权利。

李军鹏（2004）认为，服务型政府是现代政府发展的必然方向，政府的职能就是要为社会提供更加优质的服务，应当建立以人民为中心的管理目标，完全适应公共需求的方向。为了建立这种制度，应从以下几个方面实施有条件的重组：第一，建立以中央问题为中心的政府价值观；第二，规范政府的权力，特别是在公共服务方面；第三，更加重视政府目标的制定，应当以人民群众的满意度作为政府目标实现与否的重要判断依据。黄建荣（2015）则指出政府主导是现代公共管理文明进步的重要指标。

从上述观点来看，建设服务型政府组织的趋势是不可阻挡的。目前，从管理型政府机构到服务型政府机构还有很长的路要走。服务型政府需要做到以下几个方面：第一，从多功能政府向专业政府转变。要关注政府职能部门的关键职责，把提高公共服务体系和提高公共产品质量作为政府工作的重点。第二，解决从中央集权政府到民主政府的过渡问题，创新受理程序，疏通沟通渠道，增加公众参与，收集公众不满，使公众决策能够反映公众的声音。第三，从管理型政府到服务型政府的适当升级，改变公共部门管理高层管理的概念，增强服务，优化政治关系。最终构建一个新型公共服务政府战略体系。如图7-1所示。

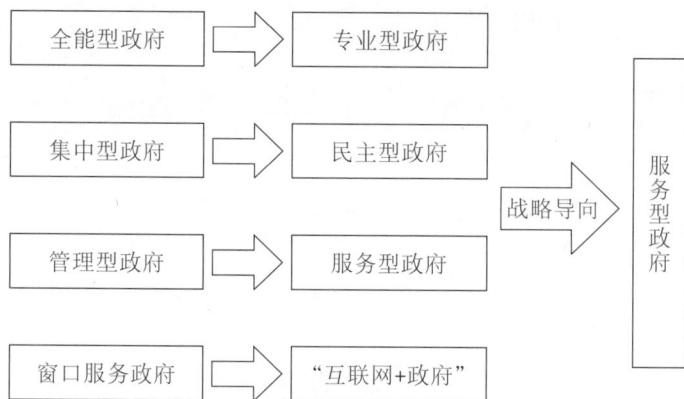

图 7-1 公共部门的战略发展导向

7.3 基于战略导向的综合行政执法部门绩效管理平衡计分卡模型

最初，建立平衡计分卡是为了应对企业管理中遇到的各种挑战。在四个传统维度中，企业的现状是客户维度和财务维度的最终分离点，学习和发展的维度以及内部业务流程更加关注公司的长期战略目标。对于公共部门下的综合行政执法部门，平衡计分卡体现了设计指标体系常见的逻辑定式，即将部门发展中的短期考验和长期责任连接起来，将执法部门的战略管理计划与评估指标体系有机地结合起来。但是，如果将平衡计分卡用于公共部门，必须先明确政府与公司之间存在差异。首先，政府绩效管理的核心与公司不同。政府的评价核心是对其行政效果的计算和判断。因此，将平衡计分卡引入综合行政执法部门的绩效管理时，复制平衡计分卡的操作是不可行的，这时应当更加关注政府的战略目标，以平衡各子目标在总目标中的权重，建立平衡计分卡框架。

可以看出，目前中国政府管理的发展目标是建立服务导向型政府，政府需要在现有管理流程的基础上进行扩展和调整：将财务维度转变为政府中成本控制的维度，将客户维度与利润组织特征变为履行职责维度，再加上内部管理维度和健康发展维度，共同构建平衡计分卡绩效管理"五维"绩效模型，最终将其内部的逻辑连接起来推动目标的实现。平衡计分卡模型如图7-2所示。

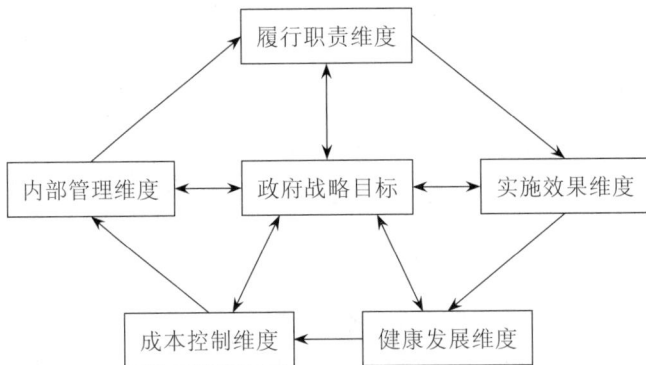

图7-2　政府执法部门"五维"平衡计分卡框架图

（1）履行职责维度

在组织运行过程中，按照不同比例分配的公共性价值的选择是区分政府与企业的一大明显特征。企业进行生产经营的首要目的就是盈利，这是企业能够实现长期可持续经营的重要基础。因此，企业平衡计分卡将财务方面的指标置于最高优先级。但是，对于政府执法机构而言，财务指标不是其考虑的重点，如今我国政府机关秉承着建立服务型机关的发展理念，过于重视财务指标也会影响到执法机构的政府监管规定。因此将"履行职责维度"置于最高层，并考虑其他维度的因果关系，其目的是就上述构建综合服务型政府对政府职能的总体计划的价值达成一致。具体而言，在履行责任方面，不断提高政府的服务水平是十分重要的，这也是提高人民群众满意度，促进社会进步的重要途径，因此要更加关注在制定绩效指标时的社会指标。

（2）实施效果维度

城市综合行政执法部门平衡计分卡的第二个维度是实施效果维度。这是基于战略定位将公司平衡计分卡引入政府部门的重大变化之一。对于政府执法机构而言，绩效指标不应与日常功能指标相关联，与之关联的应当是社会、政治等指标。政府目前的部门职责强调短期指标和长期规划的全面、协调和可持续的整合。从这个方面来说，在规划城市综合行政执法部门的考核标准时，有必要将主要职责和综合义务放到同等重要的地位上。因此在具体指标选取上，应当兼顾考核和社会发展，这样才能综合反映实施效果，指标选取才更加科学。

（3）内部管理维度

内部管理维度是综合行政执法部门运用平衡计分卡战略手段的重要组成部分。提高执法部门的政务水平是内部管理维度的核心，发挥着承上启下的作用。行政执法部门管理需要不断为提供高质量的执法服务和使公众达到较高的满意度做努力。因此，在部门的日常内部管理中，员工必须把服务意识、责任和效率装在心中，有效地促进效果维度和责任维度的执行。在设计内部控制的维度指标时，还需要考虑其他四个维度的特征，重点是管理效率、物流管理、政府披露和人力资源配置。

（4）成本控制维度

管理成本因素是执法机构日常运作中的一个重要因素，对于建立执法机构的平衡计分卡非常重要。成本控制维度是以最初的四个维度为基石新增的考核维度，它是以当前政府执法部门急需提高执法效率、缩减行政成本的客观需求为依据所建立的。成本控制能力是评价政府综合执法能力的一个重要方面，直接反映了综合执法工作的实施效率。特别是成本管理的各个方面可以很容易地定义为综合行政执法部门在日常管理和业务流程扩展中产生的所有成本。从其构成要素分析可分为内部管理费和执法机构的发展费用。它可以有效地评估政府执法机构的行政计划设计并提供其是否合理的反馈。

（5）健康发展维度

在行政执法部门，健康发展维度属于多维系统框架的低层次。综合行政执法部门优化内部管理过程，提高部门绩效，降低行政成本，履行职责维度得到的认可度，都离不开学习与发展维度。在这个考核维度中，三个方面的建设要进行重点关注。首先，提高在职技能。这是公务员，尤其是执法部门最基本的要求。此外，由于各部门的执法资格与公务员标准不同，因此有必要在组织内部具备出色的内部技能。这种氛围将有助于执法效率的提升，弱化执法过程存在的风险。其次，现在的公共部门，特别是执法机构的信息化水平，将在日常工作中经受各种考验。因此，掌握大量信息和支持现代技术对于公职人员有效开展工作是百利而无一害的，所以倡导部门信息化融合，尤其是打造"互联网＋"型部门，对提高效率具有长远意义。最后，组织文化和优秀的部门文化为公务员带来了明确、积极的激励，提高了个人绩效，最终能促进部门战略的顺利实现。目前，政府机构对"学习机构"的推广也为这一维度的设计提供了极好的现实基础。

总而言之，在综合行政执法部门的应用中，平衡计分卡的五个维度之间的关系与所处地位大有不同。公民指标是建设服务型政府的真实反映，也可以视为对执法部门整体绩效与外在形象的社会评价。平衡计分卡的目标维度和上层维度，与部门的短期目标和长期发展计划直接相关。作为评估系统的核心维度，内部管理维度将加强内部管理。核心部门的效率是实现各个维度整合的目标。成本控制维度是综合城市管理执法部门绩效平衡评分的一个新维度，是一个具有独立评估价值的评估维度，包括财务维度和传统框架成本。学习和发展维度来自内部增长、执法发展和评估组织的维度。一般来说，这样我们可以将这五个维度划分为内部指标和外部指标两个方面，更加方便解决对策的提出。

7.4 构建综合行政执法部门绩效管理战略地图

战略地图是平衡计分卡的重要组成部分，是将组织的战略目标指导为具体指标。Robert 和 Norton（2000）认为，战略的本质是在当前水平达到理想状态。确定在各种条件和环境下实现理想状态的过程和实施步骤，这个过程是不确定的，需要通过多方面的因素来实现，战略地图例证了这种因果关系。战略地图能够为我们提供更加可视化的研究结论，同时也方便其他人应用我们的研究成果。其次，执法部门实施平衡计分卡所获得的信息为下一阶段的改进和优化提供了参考，并且战略地图也可以升级改造。最后，两种方法的结合能够发挥一加一大于二的效果，能够在实践问题的分析中发挥更加直观的作用，并且在组织系统内具有重要的功能相关性，不独立存在。组织成员加强对部门战略地图的了解，可以更加深刻地懂得自己的工作使命。使用平衡计分卡反馈来调整组织战略目标，在面对自身机遇挑战时可以更加客观和公正。

综合行政执法部门平衡计分卡的五个方面也有不可分割和明确的因果关系，逻辑上阐述这些因果关系，加速实现总体战略目标非常重要，这可以通过战略地图来实现。战略地图和平衡计分卡维度绩效目标明确定义了平衡计分卡每个维度的功能，是详细组织和制定绩效指标的指导文件。战略地图只是表面上的视觉表现，但重点是将战略管理和绩效管理相结合作为战略计划，也可以作为战术层面计划。综合管理行政部门使用战略地图明确界定战略的最终结果和影响其成就的因素，将逻辑因素纳入逻辑链条完成政府部门的使命，并将任务转变为具体的功能流程图。

7.5 基于平衡计分卡的综合行政执法部门绩效管理指标体系设计

绩效评估作为绩效管理的重要一步，基于指标体系的设计，侧重于建立政府绩效评估体系。因此，本部分系统地探讨了建立政府部门绩效管理指标体系的原则，分析了五维管理体系指标。基于平衡计分卡的政府绩效，揭示衡量绩效指标权重的方法，并讨论绩效评估过程。

7.5.1 构建指标体系的原则

政府绩效评估指标是衡量绩效的基本方法。为了使测量结果尽可能切合实际，并达到反映组织绩效管理水平的系统目的，有必要根据具体原则设计指标。

目前建立主流指标有两个原则：一是SMART原则，另一个是4E标准原则，两者都是一般原则。此外，还必须遵循以下原则。

（1）目标一致性原则

目标一致性原则是要求绩效管理指标系统在逻辑上将组织的战略目标与个人工作目标联系起来。在设计指标体系时，首先确定总体战略目标是设计指标，实现各个层面的目标，最后尝试促进战略目标的实现。为此，各级指标必须保持一致和独立，但与此同时，要共同服务于该层次的子目标。

（2）客观公平性原则

客观公正原则集中在以下角度体现：首先，要以已有指标为基础，建立自己的评价体系，根据指标本身解释评价结论；其次，设计指标必须符合公平、合理、全面的建设原则，并最大限度地降低影响决策的不受控制因素的风险，从而确保整体评估结果公平合理，并最终得到所有员工的认可。

（3）公共性原则

"顾客维度"是以企业为主的平衡计分卡传统体系的重要组成，着重关心企业的外部维度，主要从事市场调研，关注市场趋势，最终获得巨大的经济效益。同样，对于政府执法机构而言，"责任的绩效维度"是对公众方向的最好诠释。这一趋势主要是计划实现两个目标：一是了解人民的基本政策，使政策形成更加突出；二是改善社会矫正中"单一评价指标"的实际情况，鼓励更多的外部评价，鼓励公民参与，鼓励监督。

7.5.2 绩效管理指标设计

鉴于前一部分已经研究了绩效管理和平衡计分卡中维度的战略目标

的确定，下一步是划分维度并根据指导原则创建指导系统。本书并不是为了打造一个可以通用的模板，以供各层级政府、各个执法部门使用，而是通过对综合行政执法部门所处内外环境的判断，量身打造该层次的平衡计分卡指标体系，使其在大量指标可供选择时能够获得最实用的重要指标，以减少后续评价的复杂程度，提高评价的效率，如图7-3所示。

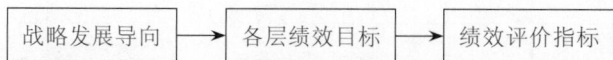

```
战略发展导向 → 各层绩效目标 → 绩效评价指标
```

图7-3 绩效管理指标分解层次

（1）履行职责维度指标设计

首先，要明确总体思路。在总体思路的指导下，确定各指标在评价体系中的作用，即权重。改善执法服务水平，关注公众所想，建设公正社会是这个维度的主要功能。执法部门与大众的利益关系密切，加大对公众生活问题的关心力度，可以保障人民的利益。履行职责维度的设计层次图如图7-4所示。

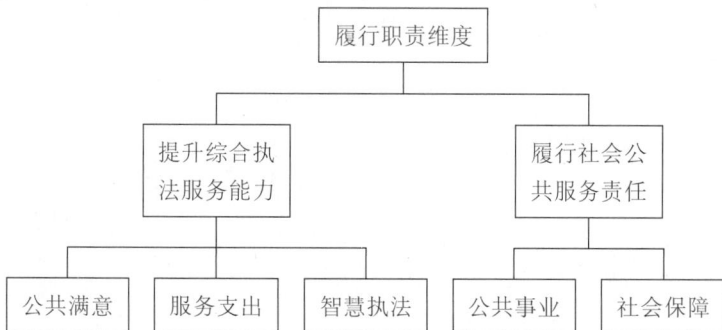

```
                    履行职责维度
                         |
          ┌──────────────┴──────────────┐
    提升综合执                    履行社会公
    法服务能力                    共服务责任
          |                            |
   ┌──────┼──────┐              ┌──────┴──────┐
 公共满意  服务支出  智慧执法     公共事业    社会保障
```

图7-4 履行职责维度指标设计

其次，绩效责任维度中的指标包括提升综合执法服务能力和履行社会公共服务责任的指标。

一是提升综合执法服务能力指标。具体包括三个子指标：公共满意度、服务支出和智慧执法。我们将执法服务的支出占比作为衡量标准，该指标作为一项定量指标，可以清楚地显示城市管理公共服务执法部门的投入量。其不仅体现了先进的管理理念，同时在建设服务型政府公共部门时，还能及时发现执法机关工作过程中的问题，如反映问题的效率与质量、执法态度和解决问题的能力等。公共满意度量化方法见

表7-1。

表7-1　　　　　　　　　　公共满意度评价指标量化表

公共满意	优	良	中	差
对应分值	100~90	89~75	74~60	60以下
评价标准	—	—	—	—
分数				

智慧执法指数的字面描述，主要是评估执法机构的信息化水平，并判断它是否符合当前主流政府信息化的水平。作为执法服务指标和外部窗口指标的指标，需要高度重视该指标。

二是履行社会公共服务责任指标。社会公共服务责任指标的表现包括两个评价指标，即公用事业支持力度和社会保障缴费率。

公共事业支持力度指标是综合行政执法部门参与社会事业，包括社会福利、文明创造的定性评价指标。政府部门的公共性决定了部门的绩效，社会工作不可避免地受到公民和专业评估机构的密切监督。因此，有必要将其视为与执法服务同等重要。在详细的评估过程中，"公共满意度"仍然可以作为参考指标，在适当的评价标准和相应的评分设计框架下，设置优、良好、中、差四级判断，进行社会评价，达到系统评价，然后将评价结果转化为一定的权重获得总分，将其包含在执法部门的年终评估结果中。

社会保障缴费率的评估也是公共部门履行职能的重要指标之一。实施"五位一体化"发展战略，促进社会价值的实现，这是政府的一项重要任务。该指标从两个方面反映了政府部门的工作：首先，就是该部门内部工作的执行情况，即为执法人员服务的能力和水平，提供社会保障和其他财务支持等基本功能；其次，通过部门职能履行对外捐助的责任，创造公共价值，提高税收水平，实现转移支付，有利于普通百姓的社会保障。

（2）实施效果维度指标设计

首先，确定设计思路。在综合行政执法部门，绩效评估维度的关键是完善部门所涉及的政府部门的评估目标，同时考虑到共同的评估指标。与营利性组织不同，政府机构的绩效评估维度不仅包括完成执法任务等指标，政府部门的公共特征也是毋庸置疑的，指标设计需要考虑政治使命和社会责任，如图7-5所示。

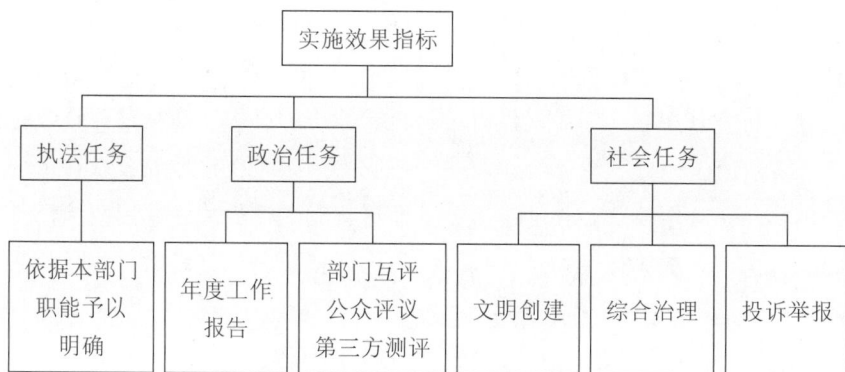

```
                    ┌──────────────┐
                    │  实施效果指标  │
                    └──────┬───────┘
          ┌────────────────┼──────────────────────┐
    ┌─────────┐      ┌─────────┐            ┌─────────┐
    │ 执法任务 │      │ 政治任务 │            │ 社会任务 │
    └────┬────┘      └────┬────┘            └────┬────┘
         │          ┌─────┴─────┐      ┌─────────┼─────────┐
  ┌──────────┐ ┌─────────┐ ┌─────────┐ ┌───────┐ ┌───────┐ ┌───────┐
  │依据本部门 │ │年度工作 │ │部门互评 │ │文明创建│ │综合治理│ │投诉举报│
  │职能予以   │ │报告     │ │公众评议 │ └───────┘ └───────┘ └───────┘
  │明确       │ └─────────┘ │第三方测评│
  └──────────┘             └─────────┘
```

图7-5　实施效果维度指标设计

其次要细化分析指标维度。综合行政执法部门的实施效果维度指标分为功能类别，可分为三个子维度：执法任务指标，政治任务指标和社会任务指标。

第一，执法任务指标。综合行政执法部门管辖区域大体一致，例如辽宁省综合行政执法部门和海南省综合行政执法部门的行政职能基本一致。因此，在本小节的指标划分阶段，此项维度仅保留第一层级，不进行下一阶段划分。

第二，政治任务指标。详细分析政治执行效果的维度，包括年度综合报告和各方评价的两个子指标。地方政府执法机构更加关注政治理论学习的形式。一般方法是通过特殊学习和教育活动促进实践，然后总结和汇编行政阶段的工作报告。到年底，各级政治绩效汇总在一起，在一份全面的年度政治工作报告中体现。由于年度政治工作综合报告是一个定性指标，因此在评估过程中可以根据评估标准划分不同的水平。每个区间由指定的评估标准和完成分数确定，并生成定量表。该指标的评估通常需要考虑很多因素，可以概括为政治绩效的全面完成度、编制年度政治工作的重点、今年工作的问题和原因，以及明年政治工作可以采取的措施。

在现代社会中，由于各种媒体形式的高度发达，以及公民素质的快速提升，公众对于政府的监督热情逐年提升。公众舆论是一个典型的指标。它是社会组织和第三方组织对政治敏锐性和法律法规实施效果的综合判断。政府执法机构处于一定阶段，是一个绝对重要的评估指标。过去由于公众对政府执法部门威信的疑虑，群众对于政府综合执法工作的满意度水平较低，即相关指标的打分处于一个比较低的水平。它实际上并没有向公众和社会组织提供有关其真实评价的反馈，而且还导致政府缺乏可信度。因此，有必要设立一个不同于绩效责任维度的公众评论细分指标——政治执行效果的维度，从而更客观地评价执法部门政治任务的执行情况。在具体考虑该指标时，与上述指标的设计思路一致，并采用调查方法，统计各种信息平台结果，并与主要专家进行面谈，进行评分。

第三，社会任务指标，包括文明创建、综合治理和投诉率报告。城市文明是综合行政执法部门需要完成的任务之一。中国政府承诺制定"全面发展战略"，即不断提高政府的专业处置能力，以及逐渐转变向服务型政府迈进，而这些目标的实现离不开政府部门的文明行政。因此，政府部门的文明程度成为公众评价它的一个重要方面。执法机构营造了良好的文明支持体系文化和社会文化的氛围。外部条件的优势在于影响公务员的工作态度，更好地完成工作，提高工作效率。在外部，通过扩大员工文明价值的外部影响，促进公共价值的发展，积极参与政府机构创造的各种文明活动，公共部门的社会价值得到了证明。

综合管理其主要作用是在一个阶段内全面整合同级政府工作报告，主要包括以下两个方面：一是行政组织公民在一个完整的评估期间，根据请愿人的来源访问次数可以深入分为基于外部人员的社会事件和基于内部人员的行政事件。二是加强对关键任务在评估周期的管辖范围内的监督。这方面的指标主要是执法部门作为示范单位。其他部门根据各自辖区和行业的特点进行划分，各自在各自区域的治理中履行职责。最后，将形成政府的综合管理体系。

综合行政执法部门作为公共物品执法机构，是向公众提供"执法服务"，但是由于很难控制执法过程，可能会影响公民的预期利益。同时，由于对执法方式和行政认知的理解不同，公民不可避免地在执法机构的不同层面产生情绪。与此同时，公民自己的社会监督权也赋予他们回应的权利。在这种情况下，公民的投诉成为一种法律行为，这是一种定量的指示符。为了了解某个部门的社会管理绩效，可以计算执法部门在一个阶段报告投诉的频率。一般来说，投诉可以分为两类：执法投诉和请愿投诉。执法投诉需要通过内部流通反馈来解决。在请愿案件中，需要提交特殊案件，然后根据其职责进行监督和确认，最后将结果返还给当事人。该指标通常采用反映核心概念的年度评估周期，这样能够更科学地反映这一问题。

（3）内部管理维度指标设计

首先内部管理优化水平是评价行政执法部门工作的重要指标，管理的目的是提高行政执法的整体效率，完善部门执法过程，提高整体效率。在这项研究中，执法部门的内部控制涉及三个主要的子维度：管理效率、人员优化和法律行政技能。内部管理水平指标的设计思想如图7-6所示。

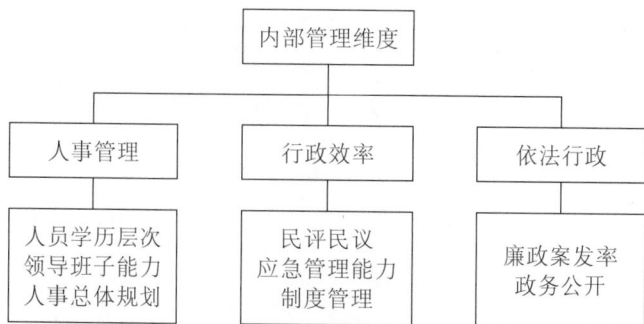

图7-6　内部管理维度指标设计

其次，对指标进行相应的解释，对执法机构人力资源状况的评估是基于行政机构人员管理的一般要求，主要有三个考虑因素。

一是员工管理。这是组织人才管理的第一步。全面了解内部员工的基本知识结构，合理配置人才。评估人员按照人员总数的比例计算人数，然后结合相应部门领导的现状，主要评估执法部门的整体情况，包括领导干部的核心素质，如业务能力、政党风格、廉洁政府、政治素养和决策能力。应通过综合绩效评估来进行评价，划分优、良、中、差四个等级，系统地评价领导者的项目决策效果、工作协调性、队伍管理能力。

二是制定符合部门当前发展的科学发展战略，这是人力资源管理的核心。如此来说，有必要将现有资源作为一个整体，规划未来的发展布局，提高政府部门的管理能力，这对实现组织战略目标至关重要。为实现这一目标，有必要使用明确的员工规划评估指标，充分评估人事部门的短期目标和长期规划的可行性。由于该指标是一个定性指标，因此应该从多方面考虑，例如使用分级评估方法进行评估，重点是从各个角度部署工作人员、干部协议和解聘，以及评估培训。

三是遵循行政效率的指示，行政效率是综合行政执法部门的基础，也是有效推进各项任务的必要保证。从自然的角度看，可以分为以下几个子维度：工作流习惯、应急管理能力、行政人员比率和流行的行为评论。

内部管理的核心是利用制度化管理来制定工作者的工作目标，责任和工作流程，执法部门的制度应包括部门的章程文件，并明确设置管理图表，这些指标的完善直接关系到实施效率。对于该指标的评估，主要是定性的。评估标准主要是根据执法机构的内部工作流程进行分类，评估各自有效系统的实施情况以及运营效率是否真正提高。

应急管理能力作为政府执法机构在和平时期工作的必要能力，主要包括两个方面。一方面，应对危机事件的能力。中国目前的社会结构变化是复杂的，而各种价值观碰撞形成的意识形态是混合的。在这种社会背景下，社会紧急情况经常发生，不仅仅检验了政治素养，也是对政府行政能力的考验，它对应对危机的能力提出了更高的要求。作为政府的重要成员，执法机构如何尽快解决冲突并控制发展是危机管理的首要任务。这也是对相关部门的智慧考验。另一方面，处理紧急工作的能力。政府部门的工作往往不统一，临时工作和突发的任务经常发生。细分方向的评估主要是执法机构政府部门的综合协调能力和综合运作效率。这是应急管理的主要任务。对于这些指标，定性指标的评估也用于评估等级，涵盖危机管理和应急响应的各个细分方面。

行政人员的比例是一个定量指标，执法机构中行政人员的比例如果过高，将导致人员冗余和工作交叉，不仅会增加经济负担，也会降低工作效率。但是，如果比例太小，会影响工作任务的完成，同时，各部门的整体情况也会不全面。因此，在规划行政人员数量时，中国综合行政执法部门在确保不影响部门工作的同时，坚持"熟练易管理"理念，不断提高部门能力，更好地为群众服务。

人民意见评价是指对执法机关的态度、工作和效率的评价。在传统的公共管理中，执法机构的自我认知往往更注重表面和表现，这样隐藏缺陷，问题的反映不客观，因此参考价值难以判断。通过引入公共或第三方评估可以获得高效和客观的评估数据，公众在日常生活中的遭遇经常与相关主管部门、政府机构和其他服务行业相联系，可以横向比较工作表面的整体印象，因此他们的意见更加有效。在设计详细指标时，以调查问卷和电子信息平台投票作为主要评估方法，对执法机构的各项工作指标进行综合评价。依法行政级别指标包含两个子指标，一是政务透明度，二是廉政案发生率。

目前，中国政府的管理层主张实施阳光管理、透明化管理，让广大的人民群众去监督政府的工作。因此，人民群众有了很多的知情权，即在行政许可范围内对某些程序进行一定程度的简化，将政务透明度作为执法机构工作职能所包含的评估指标。与此同时，随着公众越来越重视公共管理，行使知情权的要求越来越普遍。逐步加深对社会监督责任的认识，要求执法机关在一定程度上优化组织，开展重大工作，简化部门公共职能，宣传程序，更好地满足公民意愿。本指标的评估范围主要包括政务公开的及时性、咨询渠道的便利性和政府参与的广泛性。

党的作风建设和廉政建设是"一票否决权"的标志，各政府机构都必须高度重视。尤其近年来，党和国家不断加大治理腐败的力度，建立了廉洁的政府风格，监督问责力度是前所未有的。这给各级行政机关带来了强大的威慑力和约束力。在这种情况下，加大对廉政案件的考核权重的赋值，强化执法监督问责，是行政管理的唯一途径。因此，有必要将"廉政完整性案例率"作为关键评估指标，这符合当前的时代背景。作为量化指标，主要是在审查周期中收集行政执法部门案件数量的统计数据来评估该部门廉政建设的结果。

（4）成本控制维度指标设计

首先，阐述设计概念。在平衡计分卡的框架下，传统意义上有四个维度，但支持公共部门所有系统只有四个方面的步骤，特别是在当前党和国家行政执法机构中大力推动建设"有能力的系统""有效政府"，因此，提高工作效率，加强绩效考核力度，提高人员贡献率，降低财务成本，已成为政府部门管理不可逆转的趋势。在这种情况下，政府部门的成本管理不容忽视。它包括执行成本和执行过程中的间接成本，成本类型可分为主要内部管理成本、外部决策成本和其他成本。成本控制维度指标如图7-7所示。

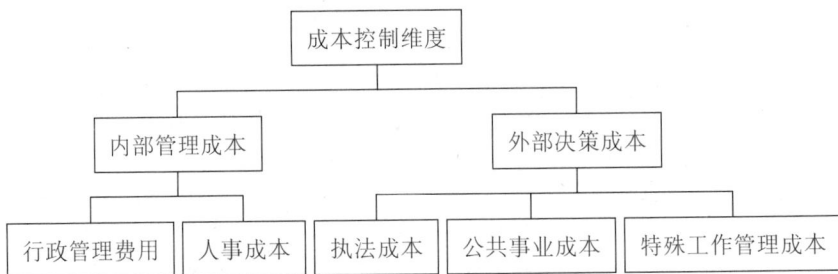

图7-7 成本控制维度指标设计

其次，解释指标。成本控制维度是综合行政执法部门成本管理的一个指标。详细划分就是内部管理成本和外部决策成本。

第一，内部管理成本。内部管理成本主要由内部执法部门产生，以维持日常工作，这是财务成本和非财务成本的结合。根据部门的范围，可以进一步概括为支付员工的工资和购买基础设施的成本。执法部门必须科学地管理内部管理成本，通过构建以"成本贡献率"为中心的公共管理体系，优化投入产出比，确保资金使用，有助于提高执法效率，改善人员素质，保障待遇，建立"节俭"的政府机构。

第二，外部决策成本。在执法过程中，执法机构不仅完成内部管理，还促进了外部决策的顺利实施。执法机构外部决策成本的主要目的是为公共服务和公共产品提供不可替代的价值。它按性质分类，可分为执法成本、公用事业成本和特殊工作管理成本。前两个成本比后者更稳定。

（5）健康发展维度指标设计

首先解释设计的概念。目前，政府职能的转变是公共管理的关键方向。因此，要想提高政府执法部门的履职能力，打造学习型执法机关，要加强该维度的考核。健康发展维度指标设计思想如图7-8所示。

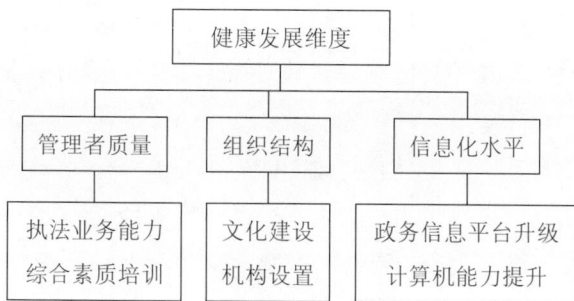

图7-8 健康发展维度指标设计

其次解释指标的概念。为了实现健康和可持续发展，执法机构必须加快实现战略目标，处理学习与成长之间的关系。有必要从以下三个方面构建指标：管理者质量、组织结构和信息化水平。

第一，管理者质量指标。执法人员是综合执法工作的具体实施者，其业务能力的高低直接决定了执法工作的成效以及群众的满意度。因此应当不断强化执法人员的学习。建立学习型组织有很多方面，但对于公务员来说，提高执法业务技能是各方面的首要任务。对于这个指标的评估，首先要在政治和法律机构中形成竞争氛围，并通过定期测试、知识测验、案例分析等方式激发干部的学习兴趣，最终实现"通过考试促进学习，提升能力"的目标。在人力资源管理中，培训是提高干部能力的最重要、最好的手段。它不仅涉及职业技能培训，还要包括素质培训，例如公文写作、文学品鉴、摄影和艺术等的课程，使干部掌握更多技能，全面提高干部素质，建立一支综合干部队伍。从培训频率、培训持续时间和比例等角度全面评估培训计划。在年底统计年初计划的完成水平，并对培训结果进行测试，以指导培训计划的下一阶段。

第二，组织结构指标。执法部门的学习和成长应该涵盖很多方面，组织建设是其主要组成部分。组织文化建设以文化建设为核心载体。现代管理认为，文化的软实力是发展的强大动力，逐渐成为组织整合的价值，激发集团的活力。行政执法机构可以将组织文化作为强有力的推动者来传达组织的长期方向和内在价值。对于员工的行为，通过强有力的凝聚力，尽快达成组织的目标。为了评估这个维度的性能，可以通过设置优秀、良好、中等和差的四个级别来进行定性评估。战略目标与文化建设、组织文化发展和文化成就展示的整合程度可以作为这一维度的评价标准。

第三，信息化水平指标。行政部门的信息水平有两个子维度。一个是政府工作人员的计算机水平，另一个是政府信息平台的建设。电子信息化的快速发展使得公众对综合行政执法部门员工的工作效率提出了更高的要求，员工计算机水平的提高已成为必然要求。目前，大多数执法部门的服务信息系统已逐步得到员工的改进和掌握，已成为组织员工的基本要求和必备技能。客观地说，虽然各部门的信息管理系统的功能是完美的，但并非所有的一线执法和服务人员都能掌握它们。这导致行政效率下降，甚至拖累了该部门的整体战略目标的完成。因此，信息时代决定了执法人员的计算机水平成为绩效考核指标之一。对该指标的评估可以通过两种方式完成：第一种是对组织内部信息系统的定期审查，根据日常工作中经常遇到的业务对工作人员进行定期考核；第二种是鼓励员工参加全国统一的计算机等级考试，并为成绩优异者提供奖励。

对于政府执法机构而言，高效的电子政务平台是该部门良好运作的象征。但是，目前中国正处于执法业务复杂繁多和国家政策调整的阶段。随着时间的推移，信息平台可能出现系统功能缺失和过时的情况。因此，系统的定期维护和更新不容忽视。对于信息平台建设指标的评价，核心是系统日常运行状态，细分标准主要包括政府信息公开程度、政府信息平台的稳定性和升级频率。

7.5.3　综合行政执法部门绩效评价指标体系

综上所述，基于平衡计分卡的综合行政执法部门绩效评价指标体系见表7-2。

表7-2　　　　　　　综合行政执法部门绩效评价指标体系

一级指标	权重	二级指标	权重	三级指标	权重
履行职责维度指标	W_1	履行社会公共服务责任	W_{11}	公共事业	W_{111}
				社会保障	W_{112}
		提升综合执法服务能力	W_{12}	公共满意	W_{121}
				服务支出	W_{122}
				智慧执法	W_{123}
实施效果维度指标	W_2	执法任务	W_{21}	依据本部门职能予以明确	W_{211}
		政治任务	W_{22}	年度工作报告	W_{221}
				部门互评、公正评议、第三方评测	W_{222}
		社会任务	W_{23}	文明创建	W_{231}
				综合治理	W_{232}
				举报投诉	W_{233}
内部管理维度指标	W_3	人事管理	W_{31}	人员学历层次比重	W_{311}
				领导班子能力建设	W_{312}
				人力资源总体规划	W_{313}
		行政效率	W_{32}	民评民议	W_{321}
				应急管理能力	W_{322}
				制度管理	W_{323}
		依法行政	W_{33}	廉政案发率	W_{331}
				政务公开	W_{332}
成本控制维度指标	W_4	内部管理成本	W_{41}	行政管理费用	W_{411}
				平均人事成本	W_{412}

续表

一级指标	权重	二级指标	权重	三级指标	权重
成本控制维度指标	W_4	外部决策成本	W_{42}	执法成本	W_{421}
				公共事业财政成本占比	W_{422}
				专项经费	W_{423}
健康发展维度指标	W_5	管理者素质	W_{51}	执法业务能力	W_{511}
				综合素质培训	W_{512}
		组织结构	W_{52}	文化建设	W_{521}
				机构设置	W_{522}
		智慧化水平	W_{53}	政务信息平台升级	W_{531}
				计算机能力提升	W_{532}

7.5.4 综合行政执法部门绩效管理指标权重的确定

在确定政府绩效管理指标体系后，还需要确定各维度指标的权重，并根据平衡计分卡绩效指标的权重计算，考虑影响不同维度的因素的重要性，从而执法机构针对绩效评估做出准确的判断，这是保证绩效指标科学性的必要环节。

目前，管理学者主要运用研究加权法和主观经验法来分析组织绩效的权重比。研究加权法首先由评估专家分别分配绩效评价指标，然后进行加权平均计算。每个指标的平均值是最终权重指数。主观经验方法，顾名思义，依赖于评估者的主观经验决定权重。分析层次法是将评价对象分解为多个层次，从多个维度对这一目标进行评价，从而更加全面、系统地反映对象所存在的问题，通过构建判断矩阵确定各指标的重要程度。在本书中，放弃前两种方法主要是由于其具有较强的主观性，并且无法通过加权平均处理获得准确的数据，这将导致不合理的计算。分析层次法的优点是它结合了定性和定量方法，并仔细划分各指标之间的比例，从而确保各级测量的相对权重更加准确，最终获得完整的权重系统，是一种更科学的评价方法。因此，我们确定平衡计分卡计算指数权重时选择层次分析法。

（1）层次分析法的主要思路

绩效评估层次分析法的思路如下：首先，对需要分析的问题进行分层，尽可能确定影响问题的因素，并根据要解决的问题或目的对所有因素进行分类，然后根据因子之间的关系进一步分层，通过层次排列获得问题原型并形成问题模型，这是定性分析。之后，比较影响问题不同阶段的因素，分析影响因素，找到克服方法。最后，通过一定的数学方法计算高阶组合加权最重要因素的价值，并进行定量编制，确保数据处理得到的结果是客观准确的。层次分析法的实施流程如图7-9所示。

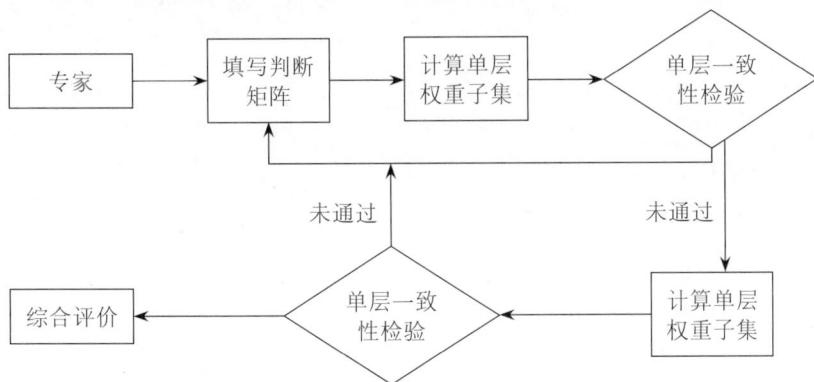

图7-9　层次分析法的实施流程

（2）层次分析法的步骤

利用层次分析法对问题进行分析和研究主要有以下四个步骤：一是对问题进行分层，形成有序结构；二是根据层次将因子排列成矩阵；三是权重确定和一致性检验；四是各层次的组合权重计算。当研究问题分为维度并通过层次分析法进行分析时，对问题的各种影响因素进行分类，然后根据问题的重要程度进行排序。最有影响力的一个位于顶部，第二个位于中层，受影响最小的位于底部。每个类是矩阵的一层，按顺序排列。

在矩阵相邻两层之间进行对比判断，研究两层指标因素对上一层次问题的影响程度，同时比较两层对应因素之间的相对重要性。

对矩阵各层的判断是层次分析法中至关重要的步骤。我们假设第一层中因素 A_k 与第二层中的因素 B_1，B_2，…，B_n 有关系，则构造的判断矩阵见表7-3。

表7-3   判断矩阵

A_K	B_1	B_2	…	B_n
B_1	b_{11}	b_{21}	…	b_{1n}
B_2	b_{21}	b_{22}	…	b_{2n}
…	…	…	…	…
B_n	b_{n1}	b_{n1}	…	b_{nn}

表7-3中，b_{ij} 是对 A_k 来说的，B_i 对 B_j 的相对重要性的数值表示，通常 b_{ij} 取1，2，3，…，9及它们的倒数，其含义为：

$b_{ij}=1$ 时，说明 B_i 和 B_j 同等重要；

$b_{ij}=3$ 时，表示 B_i 比 B_j 重要一些；

$b_{ij}=5$ 时，就说明 B_i 明显比 B_j 重要（一般明显）；

$b_{ij}=7$ 时，则表示 B_i 比 B_j 重要得多（非常明显）；

$b_{ij}=9$ 时，说明 B_i 绝对比 B_j 重要得多。

b_{ij} 取偶数时，就表示 B_i 相对于 B_j 的重要性介于上下两层之间。

将各指标评价的级别划分为9个级别，是有着充分的考虑的。第一，目前在使用里克特评级方法时，更多的人使用9级评价标准，这样对于被调查者来说，也更加熟悉。第二，研究数据说明，人类对于物体的相对性判别能力主要集中在5~9级之间，因此采用1~9级能够全部反映所有人的判断能力。

显然，任何判断矩阵都应该满足：

$b_{ij}=1$，$b_{ji}=1/b_{ij}$，i，j=1，2，…，n

（3）权重测算和一致性检验

计算矩阵的特征向量就可以确定出各层次指标的权重。同时为了避免在各指标重要程度的判断过程中，出现前后判断结果不一致的现象，我们还要进行评价结果的一致性检验，这样能够获得更加准确的评价结果。

（4）各层次组合权重计算

在评估矩阵时，有第一层参考，另一个目标层是从参考层计算的权重，每层的重要性是相对的。因此，要更科学地分析结果，有必要结合各自的权重，并计算最终分析的结果。

7.5.5 基于平衡计分卡的综合行政执法部门绩效评价设计

正确使用层次结构分析，要从矩阵的每一层获得影响因子的相对权重值，并确定绩效评估指标。然后根据这些指标计算每个政府部门的绩效水平，完成对系统的严格评估，以便进行更科学和诚信的绩效评价设计。

第一个是数据样本的来源。我们不仅要知道每个评估指标的权重，还要获得具体评估指标的分数。因为指标的维度不同，获得分数的方式也不一样。关于履行职责维度指数，这方面的一些指标涉及公共评估和第三方评估，有必要制作满意度评价公开调查问卷，完成数据收集和分析，以获得评价结果。第二个是绩效评价维度指标。部门根据一年内具体工作的实际情况，对这一维度进行最终评分。第三个是内部管理维度、成本控制维度、增长和学习维度。这三个维度主要涉及政府服务的内部管理和完善，数据来源主要是执法机构的内部管理材料。

由于政府执法机构是具有执法权限的行政机构，因此他们具有适当的执行权限，以获取不能用于公众的数据。但是，由于执法机构无法获取特定数据和信息，因此信息不完整。在过去的研究中，我们采用AHP的定性和定量相结合的方法构建绩效评价指标体系。然而，在实际操作过程中，定性难度水平并不那么大，但难以量化过程并且难以获得准确的数据。在这种情况下，要引入模糊综合评价方法，其原理是，在现实世界中，如果不确定的模糊不能用确切的数字来表示，就需要模糊数学理论来客观地评价指标的量化问题。模糊综合评价方法是一种广泛应用于评价的方法，能够有效避免传统评价模型权重确定过程中的主观性问题，能够相对客观地反映各指标对于总目标的影响程度和水平。因此，我们选择模糊综合评价方法评估政府部门整体绩效水平，可以更准确地评估不同方面的关键绩效指标，并向政府机构提交决策摘要。接下来，确定绩效水平。

模糊综合评价模型的构建步骤如下：

第一步，确定各级评价因素论域。评价指标体系是评价因素论域的基础。将 $X=\{X_1, X_2, \cdots, X_n\}$ 定义为首层评价指标，也就是一级因素论域。其中 X_i（$i=1, 2, \cdots, n$）是准则层的指标；$X_1, X_2, X_3, \cdots, X_n$ 分别代表第 1，2，3，$\cdots$，n 的指标。

第二步，评价等级的确定。每个模糊子集都与一个评价等级相对应。假设模糊子集组成了评价等级 $V=\{V_1, V_2, \cdots, V_p\}$，其中，集合 V 里的每个元素均对应一个模糊评价子集。应根据评价对象的特性适当描述评价等级，例如 $V=\{$优，良，中，及$\}$。此外，还需要确定每个等级对应的评价分数 $E=\{E_1, E_2, E_3, \cdots, E_p\}$，并代表第 1，2，3，$\cdots$，P 个等级的分值。

第三步，确定模糊权重向量。此前，层次评估指标的权重已经确定。假设一级评价指标模糊权重向量为 $W=(W_1, W_2, \cdots, W_n)^T$，其中 n 为第 n 个评价指标；二级评价指标权重向量 $W_k=\{W_{k1}, W_{k2}, \cdots, W_{kn}\}$，k 为 1-n 的取整数。依次得出评价指标模糊权重向量。

第四步，模糊关系矩阵建立。

$$R = \begin{bmatrix} r_{11} & r_{12} & \cdots & r_{1p} \\ r_{21} & r_{22} & \cdots & r_{2p} \\ \cdots & \cdots & r_{ij} & \cdots \\ r_{n1} & r_{n2} & \cdots & r_{nn} \end{bmatrix}$$

在此矩阵中，元素 r_{ij} 代表被评价对象隶属于 V_j 等级模糊子集的可能性，且

$$\sum_{j=1}^{n} r_{ij}=1, \quad i, j=1, 2, 3, \cdots, n$$

第五步，计算综合评价的得分 N。

7.6 本章小结

本章首先介绍了中国综合行政执法部门的平衡计分卡的绩效管理方式、可行性分析和框架，包括系统修订，平衡计分卡在中国综合行政执

法部门的重点理论分析。并且从理论基础与内在契合性、制度保障和实际需求几个方面论证了将平衡计分卡应用于中国综合行政执法部门的实践可行性。战略管理工具要适应建立执法绩效管理的过程。其次，本章提出了综合行政执法部门不能完全地应用"拿来主义"，而应根据部门的特点修改原有的框架体系和规模的结论。

　　本章在前人理论的基础上，将平衡计分卡这一比较成熟的方法引入综合行政执法绩效的评价之中。根据现有的研究成果，结合综合执法的实践特点，构建相应的指标评价体系，并更加科学、全面地对这一问题进行评价。战略地图——建设绩效型综合管理在制定战略目标的过程中，执法绩效指标体系充分实现政府机构职能转变，提高政府服务效率，决定"服务导向"的构建政府机构。这是一种指导思想。在平衡计分卡的框架内，突破了传统的"四维"模式，并确立了"五维"平衡计分卡框架体系，全面阐述了综合战略地图的意义和制定原则的管理原则。基于此，研究开始建立综合行政执法部门的指标体系。根据执法部门的特点，将基于平衡计分卡的执法部门指标体系划分为履行职责维度和实施效果维度。内部管理维度，从多个子维度全面反映了组织的成本控制能力，并对每一个子维度进行了全面深入的分析，最终形成了综合行政执法部门的绩效考核指标。我们设计了一种使用问卷收集样本数据的方法，并将层次分析法用于统计分析以测算指数权重。最后，采用模糊综合评价方法对指标进行测算。对执法机构整体绩效水平进行评估。

第8章　综合行政执法改革的对策建议

8.1　立法先行，加快法治化建设

8.1.1　建立和完善综合行政执法法律体系

以新公共理论和公共治理理论为出发点，提高我国综合行政执法的法律建设效率以及加大包含城市治理、人文管理和环境保护等综合领域的行政执法力度。立法者应当对综合行政执法的原则有清晰的认识，这样才能将执法主体准确定位，从而达到行政执法的根本目的。这样有利于针对目前全面规范城市管理综合行政执法各个环节存在的问题制定具体的规定和准则。这样，综合行政执法"借法执法"的困难就迎刃而解。

不同于刑法与民法，行政法及制度的特点主要表现在其所涉及的发文主体与领域多，相关法规政策等规范性文件数量庞大。在社会发展过程中，行政法还要不断面临着调整更新的境况，这种境况导致了执法人员"无固定法律可依",民众"无特定规章可从"的问题。如今综合行政执法改革已取得了阶段性成果,也正值着手对现有综合行政执法使用法律法规进行汇总的良好时机,应当有条理地对其进行统一整理和修订。《城市市容和环境卫生管理条例》一直保留其原有内容和形式,未曾随时代进行变更,这类事件反映出城市管理立法工作在一定程度上滞后于现实需求;另外,部分法律法规的频繁冲突也为城市管理领域扩张带来极大考验,因此对该领域的法律法规及规章制度进行全面系统梳理的工作刻不容缓。文件整理工作中,不仅要对目前已存在的相关文件进行汇总整理,还应该对综合行政执法推进进程中曾公布、使用的文件也进行统一梳理,并应当将建立"综合行政执法法"设定为最终的目标。"综合行政执法法"是指发布具体的工作细则或规章制度,以法律解释的方式详细阐述综合行政执法的相关内容。其中应当包含行政执法体系、工作程序、案件审核、监督机制、绩效考核等一系列内容。

只有推进城市管理立法工作的有效开展,才能够减少法律冲突。在立法工作中要重点预防部门职权不清晰、执法主体资格混乱、执法力度不到位等问题的发生。同时,加强城市管理立法工作也有助于强化法律震慑力,使之成为经济社会发展坚实的后盾,使城市管理缺乏对应法律和有法难依的问题慢慢得以解决。

8.1.2　合理界定城市管理综合行政执法职权范围

城市管理综合行政执法职权范围的合理界定工作中,相关方面健全的立法体系是必不可省的,然而将其作为全部工作重心显然并不合适。事实上,通过调整政府部门规章及下属文件,要合理界定或调整综合行政执法的职权,就要充分考虑到以下几方面因素:

一是提升职权分配的效能。要立足现实进行城市管理综合行政执法职权范围的确定,才能提升执法效能,保证部门间相互协调支持,强化部门间的制约与监督;保证整合后各执法职权在有效行权的同时避免权力过分集中而缺少约束;保证分配调整后职权边界清晰且避免出现执法真空的状况。只有这样的条件才能够助力行政执法根本目标的落实。反之,对于"大而全"的简单追求,容易导致有关执法体系过于笼统。

二是规范职权调整程序。是否能公正地、合规地、理性地调整执法权，取决于职权变更的程序是否良好。因此，职权范围调整程序的规范统一是职权范围科学合理的重要表现。职权范围长期不变的可能性很小，因此制定出规范的运行程序很重要，细化调整变更程序对于规范执法职权调整行为更重要，这样才能够保持职权范围有效。

8.1.3　精简优化执法程序

城市管理综合行政执法系统要追求合法与合理性协调共存的目标，精简、完善城管执法的程序刻不容缓，而这项工作必须坚持一切从现实情况出发。此外，程序是否合法正当也是不可忽略的一个关键性因素。城管行政执法过程中对法律法规的忽视、执法程序把关不严、工作过程中并未怀揣"心系人民，服务大家"的工作思想，都应该在下一阶段的综合行政执法改革中解决。城市管理行政执法要想做到合法与合理性并存就必须在以后的工作中力求精简执法程序，只有这样才能够使"便民"与"高效"并驾齐驱，为人民务实解决难题。精简优化的执法程序"亲民"的特征也能够带动大家配合执法。此时就不仅仅只是政府在努力，民众参与度的提高对于加快城市管理新局面的形成也起到很大的作用。

执法程序优化精简要追求程序合法正当的目标。城管行政执法过程中的公平正义不仅要体现在执法程序中，更要体现在实体中。追求执法程序公平正义的目的是保证实体的公平正义。城管行政执法面对民众的特点充分体现了法治社会的要求，在这种背景下则应当力求程序合法正当、精简优化。一方面，要做到程序正当，推进执法程序的合理化，要把被执法对象陈述申辩制度囊括其中。对于被执法对象的权益，在行使处罚过程中要尤其重视并保护，积极听取他们的意见，给予他们充足的申辩时间。执法前被执法人必须见到执法人出示的相关证件，才能展开接下来的环节，不应敷衍了事直接进入执法环节。完善被执法对象陈述申辩制度还离不开取证程序，取证过程要严格规范和客观才能给违章事实最清晰准确的描述。另一方面，严格规范城管执法过程要以规定为依托。

综合行政执法过程中，在达到程序合法正当的高度后，应考虑精简优化程序。精简优化程序必须考虑的问题是该程序是否便民高效，要"取其精华，弃其糟粕"，对于高效利民的程序要延续利用，对于扰民烦民的程序要坚决剔除，绝不多留冗杂的执法程序。这样一来，程序合法正当和便民快捷两者并驾齐驱的理想实现指日可待。精简优化执法程序，以下两个方面可以提供参考：一方面，对于执法程序要去繁从简，将社会民众感受与实际执法需求融合，方可做到便民高效。例如，在精简优化观念的指导下，可以去掉"第三方处"取车的手续，简化程序，顺利推进处罚，为电动车使用人节约时间，代替传统的繁杂手续。另一方面，"网络化"管理宜参与到城管行政执法中。运用现代化网络助力精简执法程序。建立"一站式"城市管理市民使用系统来处理交警处罚、工商处罚等工作。社会民众可利用网络解决违章处罚等事宜，节约时间、便民利民。

8.2　构建合法体制，建立长效机制

构建长效的、合法的、合理的综合行政执法体制是行政法治理论提出的要求。城市管理是件复杂的系统工程。综合行政执法有涉及面广、内容多、难度大、参与度高等特点。综合行政执法队伍思考制度建设问题时，必然要强化城管执法行为、平衡执法过程的合法合理性，建立健全长效管理机制，这样才能防止执法问题的反复出现。

保障执法开展要善于运用载体，可以通过群策群力的方式，如开展丰富的执法评选和载体活动来确保长效机制的贯彻执行。建立健全长效管理制度的落脚点应是执法的考核，完善衡量指标，使考核带动建设。这既是一项系统工程，也是一项民生工程。然而，当前管理体制尚存在职能和协调方面不畅通的困扰，导致指挥失灵，不能够完成工作对接，长期积累了很多的问题和盲点。构建合法合理长效综合行政执法体制宜从以下几方面入手。

8.2.1　继续推进大部制改革实行综合行政执法

有关部门执法队伍整合成为大部门，整合执法队伍就能够实行综合

行政执法。解决力量分散、专业化被削弱的问题。由于大部门的业务集中，部门之间也没有办法互相推诿。进行部门综合执法时，要有限度地对一些行业主管部门进行合并，这是面对目前综合分析考评综合行政执法改革的情况后得出的结论，这种方式不仅可以高效率地解决机构膨胀的问题，还能够准确地使综合行政执法目的落实。部门之间的归并也应当遵照归并原则，才能够有效归并：一是坚持统一规划，分别负责的原则。将职能相似的部门合并为一个部门，将职能交叉的部门分出另一个部门。二是坚持一切由实际出发，实事求是原则。只有坚持这样的原则，才能够灵活设置和调整机构，做到机构不冗余。三是归并限度控制。控制部门之间归并的程度，应当依托相近的职能和管理需要进行合并，摒弃笼统、无限合并的做法，否则将造成大部门中存在更多问题的状况，有违部门归并的初衷。

大部制改革可以考虑通过综合行政执法的方式整合执法机构及其对应的执法权。在强化执法运行机制和提升效率方面起着重要的作用。如果想用较强的执行能力来引导行政效能转变，就应当用行政执法过程控制代替结果控制，这样才能够达到决策和执行的权力相互分离的目标。首要任务应当是在行政系统体制内建立协调制约的行政运营机制，以达到决策、执行和监督三足鼎立、分离的局面。这种情况下，不妨构建新的模式，即三分部门职权：决策、执行、监督分别由不同部门分管。当今探索的任务就是将相近工作的决定权力集中到一个部门进行集中决策。

8.2.2 建立健全纵向横向执法联动机制和组织机制

执行方面的相关事宜可由独立成立的综合行政执法厅负责，由省级主管部门落实。以此来统一全省执法改革的部署，该方式有利于省内执法系统重组。目前，国家已经认定国家住建部为综合行政执法的主管部门。因此有必要在省一级机构中建立健全纵向横向执法联动机制。

纵向上应当建立市、区、街三级长效的城市管理综合行政执法联动机制。第一，理顺每一个层级的执法职权；第二，统一强化业务指导，并在此基础上进一步强化市、区、街三级部门之间的协调关系。自上而下进行业务指导和执法队伍的垂直管理，有效统一指挥协调，同时不放松县级对镇级的领导和管理，执法不到位的弊端能够得到有效解决。另外还可以广泛搜索城市管理执法热点及疑难问题，在商讨研究制定综合治理方案的基础上制定相关政策。在此基础上，各部门进行合力管理，巡查与集中制度整治必须加强，针对现有症状对症下药。横向上构建按"三加"组合，即"专业执法+综合执法+联动执法"组织机制，使综合行政执法组织体系向科学、健全、统一、完善靠拢。除此之外，还要纵向发挥市政府的组织领导作用，使市政府发挥社会管理的作用，担任执法主力。全面推进行政执法属地管理，省级部门用强化对市级相应部门开展执法引导和业务培训的方式来替代具体行政处罚的实行。此外，还要提高市级政府对执法的"话语权"，使其能切实管理，从而提高行政执法效率。

8.2.3　科学划分行政执法管理权限

在城市管理综合行政执法方面尽量做到形成两级政府、三级管理、四级网络的管理模式，在市区和街道都要配置相应职权，也就是说要想实现和谐执法，就要加强基层执法力度建设。强化"条块"协调式发展，可以通过上级部门加强对执法管理的监督来进行，并且执法权力尽量下放给区和街道，如此一来，就能够减少中间执法的过程，充分发挥了纵向管理权限的科学划分，向管理层次与幅度之间实现动态平衡的目的靠拢。市综合行政执法部门的工作重点应定为：在政策业务督查方面设置这样几个模块，即标准的设定、研究监督考核、业务领导规范、检查和培训辖区内的综合行政执法工作，由各区分别负责，这样有利于更仔细地根据辖区内实际状况对症下药，落实管理责任。街道和社区的作用在强化市、县一级管理权限工作时不可小觑。市和区两级综合行政执法局秉承着"基本统一"的原则，无论是在综合执法领域，还是在城市管理领域，或是综合行政执法局内部机构设置方面，都要尽可能地维持一致的状态。差异较大的地区要建立自行调整机制进行调整，将统一对应的问题落到实处。着重将权力下放给街道和社区，来解决县政府的责、权、利统一协调的问题，此外还应当重视研究规划和执法方面的工作。要着重改变上级部门和下级部门之间权责不一致的问题。明确城管职权范围以及运用什么样的执法方法，这就要求综合行政执法部门要独立出来，在边界上要和其他职能部门之间进行重点区别。对于"执的什么法"必须明确。政府不仅不能把对城管执法的监督权放空，反而要强化监督力度，着重解决"城管半边天""有事没事都找城管"的问题，由谁管、怎么管应当由法律明确规定，这样就方便市民和城市管理执法人员有效区分。如果城管任何事情都管，本质上相当于并没有管事，所以在立法方面应当着力使城市管理走出这样的误区。

8.3　建设服务型政府，树立健康执法理念

从节省交易费用与明晰产权的角度出发，应树立健康执法理念，在依法管理的同时不忘人性化建设。城管执法队伍应当规范工作思维，转化工作理念，将相关执法法律法规作为主要依据来考评行政执法的合理性，抛弃"官本位"思想，增强行政执法工作的合理性，开拓工作思路，怀揣着"为人民服务"的信念。这种"绿色执法理念"的建立应以法治观念为前提，树立公共服务及以民为本理念。

8.3.1　树立法治观念

城管执法队伍是连接政府与民众的桥梁，是政府必不可少的组成部分。其面向民众的特点决定了它必然涉及群众日常生活的方方面面。深入推进社会法治化进程是树立政府形象的一个重要举措。

综合行政执法要遵守依法原则，这就要求城管执法的一切行动和处罚都要在法律中找到相关依据。第一，只有在懂得法律、熟悉法律的基础上，具备能够将自己的行为在法律中找到相关条文参考的能力才能够胜任城管工作。此外执法人员要做到带头守法，才能为广大人民群众作出表率，提升执法威信力，引领他人一同进步。第二，要明确城市管理最主要的部分是深入城市管理和维护。综合行政执法队应当起到模范守法的带头作用，行为和理论应保持统一，摒弃恣意妄为、胡乱执法的行

为。为了避免冷漠执法行为和钓鱼执法，应当要求城管人员坚持法治思维、树立法治观念。

权力必须关在制度的笼子里。在相关法律法规及规定的指导下使用各类行政执法方式，这样才能最大程度上减少由工作方法不规范带来的隐患。如果需要使用强制措施来进行行政处罚就更应当严格遵守相关法规规范，使自身行为在法条中能够找到理论出处，这样才能让人做到心服口服。具体从法律层面来规范综合行政执法内容：第一，国家层面，即能够由国家强制保证实施的规范性文件，它们是执法强有力的依据，效力极高，范围涉及全国各地区，从宏观层面确定综合行政执法的权责，明确惩罚权限。第二，地方性法规、规章和相关文件，即在国务院相关文件的指导下，针对地方实际情况创设的行政执法依据。只有坚持依据法规治理，不断总结深化各种形式，才能在依法执法的过程中体现服务意识。

8.3.2　树立公共服务执法理念

新时代治国理政的大趋势就是要更好地为广大人民群众服务，而做到这一点就要建设为民服务的人民政府。强化城管执法队伍行为规范在《住房城乡建设部关于印发城市管理执法行为规范的通知》中就有体现。简单意义上的机构合并、分立与利益调整，并不能够作为服务型政府的建设标准。提升管理效益与充分调动机构运转活力、挖掘机构运转潜力、从根本上提升政府行政管理能力才是建设服务型政府的根本要求。改革不仅仅是合署办公，将原有部门内容简单加减，而是在新形势、新要求和新挑战下，对职能的设置进行更新。政府应当承担起改革的责任，重新认识事权改革的目的与意义，深入了解和研究改革现状与问题，切实推进政府改革。树立公共服务意识应当打破"官本位"这种容易导致行政管理人员工作效率低的意识。这也是解决"官本位"和贪图享受作风问题的良好药方。

树立公共服务理念，能够顺应历史的发展。强化为民服务的意识，是城市管理执法改革的必然要求。城市管理执法队伍应当把树立公共服务理念摆在首位，贯穿执法的全过程。将服务至上的思想贯穿行政执法全过程才能真正用服务思维替换管理思维。仅有服务思想也是不够的，只有将思想转化到行政管理行动当中才能够达到服务的根本要求。

城管执法重在全民参与，转变观念才能够得到群众的支持，只有始终让民众感受到服务的价值，将实现发展公共服务当成改革目标，才能够提升行政执法水平，创造出更优质的、融合为人民服务理念的公共行政服务产品，城市管理行政执法改革也才不会出现不彻底、不到位、扭曲变形等问题。

8.3.3　树立以民为本的执法理念

要秉承以民为本的观念执法，将人民放在工作的中心位置。只有肯定人民的崇高位置，才能够在工作中真正为人民服务，得到民众的良好支持和反馈。首先，为民执法、为民奉献就要求城管保障、维护人民的生存权。社会地位较低的弱势群体生存压力较大，迫于生存压力的他们不得已只能在城市摆设摊位，城管人员在执法时应当换位思考，这样才能够深入理解商贩的不易，不应当武断执法，必须将商贩生存的权利考虑在内。其次，在执法过程中面临与群众财产安全有关的问题如建筑违章、违规停车、违规经营时，应当牢记尊重和保障人民群众财产权利的理念，对违规事项执法时不能够打砸抢、破坏人民群众的财产安全。最后，在执法过程中要体现人格平等，保护居民的人格尊严。城管与民众在法律上是平等的，城管是在行使人民赋予的相对集中的行政处罚权，因此不能盛气凌人压制人民、利用人民赋予的权力横行霸道。平等观念在我国已经深入人心，面对弱势群体的执法，霸道行为总是难以说服广大民众。因此城市管理应当增加人文关怀，依法开展管理，做到在不丢掉法治观念的同时以民为本，才能够保证城管执法健康发展。

"法律是没有温度的，然而行政执法应当充满温暖"。城市管理综合行政执法在执法过程中应当融入对百姓的关心、关爱，让其体会到温暖，这就要求我们优化执法方式，面对社会百姓和城市居民以及努力为生存奋斗的社会弱势群体，城管执法过程中若一味按照法律严格执法，虽然城市容貌和社会秩序会井然、协调，但是城市居民和弱势群体的抱怨声音越来越大，对抗性执法也会只增不减。例如，城管执法强制把商贩赶走就等于剥夺其生存的方式，他们也只能寻找其他地方摆摊，所以清理流动、占道经营不能从根本上解决问题。严格执法不忘考虑划区域、划时间给小商贩进行经营，这样考虑到他们生活状态也能够维持市容秩序，是一种一举两得的选择。

8.4 创新城市管理综合行政执法工作制度和执法方式

根据公共治理理论要求，结合新制度经济学中的制度变迁理论、"寻租"理论，发现只有科学管理体制和对应工作机制相互作用才能创造出好效果。解决城市管理综合行政执法问题的另一出路是创新工作机制与执法方式。

8.4.1 加强公共政策环境分析和政策沟通

相应的政策生态环境能够为综合行政执法改革提供运行条件和有利资源。应当本着因地制宜的原则，在监管资源方面做出充分考虑，另外市场发展程度也应当被考虑进来。上海、浙江是市场内生型区域，食品安全行政执法也是在这样发达的地方进行市场改革。其他地方能否适用这项改革，还要根据当地的发展程度、监管能力、执行效果、当地执法人员的业务水平和执法设施是否齐全等因素来决定，进行评估探讨分析。政策环境如果被忽视，公共政策的制定就容易失败，因为政策工作环境是专门针对某一地区的具体方案，如果没有调查分析相关社会经济发展和资源的可持续性的情况下，仅仅是简单照搬照抄其他地区的相关经验就容易使其缺乏可行性，与预期目标背道而驰。

不能只是照搬机构结合的模式来构建市场监管局、街道综合执法，而应当结合自身情况采取适当的方案。基层问题不应当被忽略，因为这是反映基层期盼的重要途径，只有充分听取各方意见之后才能够落实相关问题，科学研究才能够真正考虑发展所需，避免政策制定不务实的问题。公共政策在制定过程中，应当注重沟通交流，塑造良好的沟通环境，克服心理障碍，同时在组织整合资源的同时能够消除分歧。公共政策沟通中所指的沟通的心理障碍，即公众对政府缺乏信任而抵制沟通的状况，在政府内下级对上级、基层对上层也存在。传统官僚制政治体制中"官本位"、权力本位以及等级观念，使下级服从于上级，上级发号施令，即便下级意识到该命令可行性低也只能采用敷衍的态度。其实不难理解这种现象：如果自己提出来这样的意见会遭到排挤，领导也会对自己产生不好的印象。因此也只能希望这样的事情不在自己在岗的时间里出现。借鉴政府参与式模式就能够打破这种僵局，一方面调整了政府内部的层次关系，号召更多下层官员参与到行政决策当中来，不仅不会让上级丧失发号施令的尊严，而且能够汲取更多意见。因为处于低层级的官员正是社会民众主要接触的政府官员，他们比上级更了解日常工作中管理对象的一些情况，对于行政执法能够提出很多建设性意见。他们的人数也众多，这样的参与模式能够创建良好的沟通环境，使大家集思广益，在拥有一手资料的同时向上级汇报一些可能被忽视但是却尤为重要的感性信息。这种基层集思广益的方法能够为政府工作建设提供建设性意见，更接地气，容易操作。

8.4.2 创新并完善内部工作制度

目前行政执法改革各种工作制度都基于原有的工作制度，这是由于目前行政执法体制改革在实质性启动性阶段，因此应当从实践的基础上建立起全面准确的内部工作制度。完善综合行政执法内部制度包括且并不限于以下机制和要求：

一是明确综合行政执法责任制。只有做到权力和责任统一，才能确保权力在正确的轨道上行使。建立执法责任体系，做到"权责统一"。在对待行政执法错误的时候应当建立责任追究制，只有这样才能够对行政执法人员起到震慑作用，让其明白犯了错误应当承担后果。此外，每年还应当组织专门人员对其进行教育，学习典型案例。对于过错的落实也应当具体到某个责任人与分管领导等，建立公告机制在威慑作用的监督下就能够全面落实执法人员的相关责任。

二是建立分级审理案件、快速反应机制，可采取分级案审的方法视情节轻重和罚没数额大小进行处罚方案选择。可以制定日常化的巡视制度，让街道和社区充分发挥作用。依靠城市管理综合行政执法强制性与惩戒性，违规时才可以进行干预、依靠行政强制手段来威慑，显然无法根本缓解城市管理双方深层矛盾。

三是强化内部工作流程规范，综合行政执法所有的工作流程应统一规范，如统一处罚标准、执法程序、执法文书和票据等。通过这些方式能够做到防止同案不同罚、遗漏某个环节等问题。未达到相关要求的，一经查实就要严肃追究责任。

四是协调开展跨区域或专项执法，按照地区管理，设置县级城市管理综合行政执法部门，为机构规范名称，在法律中明确列示该机构名称。财政拨款设置相应专项经费账户。

五是独立设置综合执法机构，虽然行政管理和执法都有相同目标，但其针对的对象各有不同。因此，在对行政审批制度进行改革时，不能够忽略两者的区别，即要重视执法职能将会取代前置审批，否则就会使罚替代管的现象越来越严重。因此，实行综合行政执法，应确立综合行政执法权相对独立原则。

8.4.3 构建合理的执法方案和队伍

执法对象的复杂性就决定了不能将一种方案为所有执法对象套用。例如学校安全检查，"校园安全"概念的广泛性涉及校医务室和饮用水安全、食堂餐饮安全、周边商店的安全等都应当由校方部门调查。目前部门协调方式进行综合检查和统领的方式普遍，这是因为机构整合在学校安全检查上存在一定的弊端。这种检查方式也能够保障检查的专业性和效率协同发展，近些年，许多工作都采取类似形式。按照辖区内监管对象主体和特点等来制定整合模式，对于不同地区采取不同的方案。由于执法对象主体存在差别，因此及时调整重新组合可以免于机构频繁变化引起动荡。然而这种整合模式需要领导核心和政府部门对于该理念的理解和认同。

8.4.4 建立公众参与制度

综合行政执法体制改革与人民群众利益休戚相关，因此综合行政执法部门应以人为本、执法为民，对学校、社区、企业深入扎实展开行政执法教育，渗透严格、规范、公正、文明执法观念来调动人们主动性。弘扬为民执法，能够引发更多市民强化守法和遵守社会公德的意识，还可以注重自身素养提高，共同营造文明执法局面，为此还应当发挥城管义工协会的作用。充分利用传媒工具和现代媒体来宣传综合行政执法，这种方式有利于反映全市综合行政执法的成果，加强政府与群众之间的良性互动，在沟通协调的基础上能够让综合行政执法部门和群众建立信任，营造良好的执法氛围。如此一来行政执法部门的执法目标与措施也能够更好地被民众所理解。同时也应当建立行政执法评议公示等制度，在这种制度的支持下群众能够来考评综合行政执法效能。

8.4.5　健全网格化机制

街道和社区是综合行政执法的根本。提出街道的管理目标和任务，在街道现状的基础上实施。此外，还要指导、监督社区执法工作，得到相关反馈结果上报给市里来完成综合行政执法任务。只有发动居民和企事业单位参与到综合行政执法中，才能为社区建立综合行政执法网络贡献一份力量。在社区内落实综合行政执法政策切实保障卫生管理责任，在两级综合行政执法工作中应当注意其所触及的范围，这样才能够利用好网格化管理。以往基层设置网络覆盖面不全，任务标准缺失，我国某市的多网合一的做法就值得其他地区学习，有效解决精细化程度不足的问题。全程、全区域的管理理念对于列明网络事务清单，科学设定网络、细化内容、明确标准有着良好的作用。细致的规划可以如下进行：日常巡查走访每周大于三天半；对不同对象走访频率和时间进行及时列示清单询问及更新；对于问题上报要及时才能够做到明确底细、迅速反应、周到服务；对于任务完成得好的网格应给予适度奖励，激励网格成员上报线索，监督作用也体现出了成效。

对于行政深化体制改革，党的十九大报告提到依法行政，要规范、公正执法。要继续深化改革，推动综合行政执法。除了加强上述执法立法工作之外，要全面提升城市管理水平，在加强执法立法工作以外还应当进一步开拓创新，创新执法方法。

8.5　完善综合行政执法协作配合和监督管理

由交易费用理论、"寻租"理论、委托–代理理论和产权经济理论可知，为最大限度降低城市执法过程中的交易费用，有效遏制执法过程中的"寻租"现象的发生，明确委托代理关系，明确执法部门和相关部门的职责所在，就需要不断完善综合行政执法协作配合和监督管理工作。

8.5.1　健全协调指挥机制

综合行政执法的改革要循序渐进。面对多地区和领域的执法就应该实现协调，行政执法机关不能包办一切，必须认清楚自身的能力和局限，按照规定的职权行事。建立经常性行政执法会议机构，召集各个机关开会，针对地区难题提出解决方案，发生争议时通过该平台进行协商，然后再提请政府解决。这样的平台还可以入驻智慧指挥对接模块，群众投诉等通过该模块进行受理，告知群众行政执法权限，以免各个执法机关之间推诿责任。

8.5.2　完善协作配合机制

行政执法仅是行政权力运行中的一环，它需要与行政许可、政策制定、行政检查、行政指导、行政强制等密切配合。综合行政执法整合了部分行政机关的行政执法权，如果不能与相关机关配合，不仅易造成误解，还会导致行政执法混乱，群众的不满也会给该工作造成困扰。建立协作机制不仅要制定制度，更应该务实解决综合行政执法部门和其他机关之间的契合处，与以往的行政处理事务沟通紧密，协调方便。对于不配合保障机制的部门，应当予以减分处理。

8.5.3　完善考核督查机制

基层行政执法人员可能会摸索一些应对管理者与执法对象的机制，来满足个人利益。然而综合行政执法关乎群众的利益，这样的做法影响公共管理目标的实现，背离了行政管理的初衷。建立和实施过程性检查就能够确保行政管理处于正常轨道上。这种考核督查是明确综合行政执法机关的职责，应细化到每个执法人员，明确和优化执法流程，甚至是每个环节时限和质量的要求等。

一是坚持公开透明的监督执法规范，严格按照执法权限和流程进行执法，并通过网络或其他相关渠道公开，例如执法主体和职权等。另外，改变自由裁量权必须做出说明。

二是要健全完善综合行政执法部门的内部监督机制，考核要充分考虑到综合行政执法人员所处的复杂执法环境，科学制定考评标准，严格执行。

三是要创新监督方式。对综合行政执法机关和行政执法人员加强评估和巡视，进行自查和互查，发现问题及时纠正，要求其不断改进不足，建立综合行政执法信息系统，提高智能化水准。构建违法事实一查即清的机制，才能够方便综合执法活动的有效开展。

四是把行政管理纳入政府考核，城市管理的各个内容都纳入市区相关执法部门的政绩考核，检查和完善考评机制，与收入和绩效挂钩。抓住执法重点工作，从责任目标和方法方面落实干部责任制，落实相关规定和做法，有利于将城市执法部门责任履行情况和领导班子对接。

五是建立统一规范的举报和监督投诉平台，将立案和执法权相分离，将投诉监督和执法机关相分离。保证市民一个电话过来就能够维护自己的权益，平台也会对行政违法行为进行有效评估，自动进行考核。要把权力关在制度的笼子里，强化监督管理约束机制。

8.6 畅通综合行政执法信息共享渠道，加强智能城市执法管理建设

根据行政效率原理的要求，应不断提高综合行政执法的行政效率。公共治理理论要求采取现代化手段进行治理，因此需要畅通综合行政执法信息共享渠道，建立健全城市智能化管理。

8.6.1　加强信息化手段辅助支持综合执法

目前电子政务尚且有很大的发展空间，许多好的做法应当继续进行推广，例如借助网络进行推广，在信息化方面进行辅助，业务财报、专家支持与统计分析就能够得到进一步加强。专家支持模块对于手机执法客户端显示政策法规指南来编制指导书，实现执法人员自行学习，为专业执法提供相关帮助，降低执法入门标准。业务报表模块将更多精力放在执法检查实务当中，执法录入数据信息生成报表，根据分析图可以支撑监管预警，很容易就发现监管工作绩效下滑，距离上次检查时间过长等问题。上级部门及时看到检查情况也能够减少催促基层的次数，让基层减少虚报数据的行为。另外辅助执法自行判断工作进展能够及时调整工作重点，发现不足，为决策层分析提供参考。

8.6.2　完善服务平台，建立健全城市"数字化"管理

政府综合行政执法机构内部要做好数字信息建设，外部也要构建好同市场交互联动的数据库。

一方面，构建好同市场交互联动的数据库，建立健全城市"数字化"管理。数字化的管理模式有利于加强对社会机构信用等级的监督，也能够提升社会民众的信任程度。推进检验机构整合，是中央对于检测机构改革的重要要求，其中的改革精神有利于提升质量、公共服务水平。同时对市场监管投诉举报热线的监督对于构建市场监管投诉平台的构建起着重要的支撑作用。便民服务平台也能够方便群众和市场主体，营造有利于市场经济发展的社会环境。除此以外，服务平台公开政务和市场失信行为，便于民众合力形成双重监督。

另一方面，也是更重要的一方面，数字化能够发挥其作用，整合执法资源实现跨部门共享、在信息互联网连接和执法网上操作监督等方面发挥巨大作用，有利于提高服务质量。建设服务信息平台就能够树立"让民众最多跑一次"的观念。数字化建设平台的完善也能够推进跨地区执法合作，为执法人员带来诸多便利。信息网络不断完善和发展，如

今可以用便民利民的措施推广微信公众号和微博平台获取咨询方式。民众可以在手机上找到交通违反、规章发行、市容整顿等相关信息，直观地了解城市管理执法信息。

8.7 强化队伍建设，注重执法队伍形象

我国行政处罚权的改革经历了20多年发展，总结了一些经验与教训。在这个过程中，由于机制不合理不合规、体制不完善，执法主体业务能力不够强导致城管野蛮执法，成为社会民众关注的焦点，城管制度也因此遭到质疑。

从全社会角度来看，出现争议并引起强烈反响的有夏俊峰、魏文华等案件，我国综合行政管理形象也因此受损。冷漠和野蛮也是其代名词，在日常生活中城管对于商贩的野蛮行为更加印证了这一点。因此，一定要协调执法的合法性与合理性，重塑城管执法队伍形象，扭转城管执法队伍形象。新制度经济学理论、行政法治理论、公共治理理论一致要求，要强化综合行政执法队伍建设，注重执法队伍形象。

8.7.1 全面提升执法人员素质

全面提升综合行政执法人员素质是改革的另外一个关键。长期以来，在旧的执法环境下，执法队员养成这样或者那样的不良习惯，存在吃拿卡要、拿钱办事的现象。执法队伍的素质提升和队伍形象的重塑是个任重道远的过程。核心关键在于改变执法人员的思想，由管理者思维转化为服务者思维，加强执法人员的综合学习和业务能力提升。只有使其充分意识到自身权责、执法目的及执法行为的后果，才能协调执法的合法性。

一是规范录用执法人员并加强培训。无论是一般员工的选拔，还是干部的选拔，都应遵循德才兼备的原则。考虑到综合行政执法工作经常与群众打交道，还应当安排业务能力强、作风过硬、善于做群众工作的高素质人员作为领导干部。此外，培训是短期提高业务素养的有效方法，也是帮助在职人员完善工作能力，提升自我的途径之一，同时，应

将法律观念、健康文明执法理念以及深化执法文化深入培训之中。

二是完善考核制度。通过绩效考核，引导工作方向，建立科学规范的考核体系，用考核制度来规范执法行为，鼓励执法人员在法律框架内创新执法方式，对突出贡献者可以给予适度奖励。

8.7.2 执法体制改革的人员保障

一是要重新核定编制，充实执法力量。随着我国城市化率的不断提高，外来人口涌入多，城市建设向农村扩大，综合执法范围自然大大扩充，目前现有的执法人员和数量在翻倍的事物面前也便显得很少了，完成现有任务困难程度加大。原来各市人民政府提出的按本市常住人口百分比来配置执法人员，如某市政府部门按常住人口万分之六的比例来配备执法人员的编制，在现有比例配置不能满足执法体制改革需要的情况下就宜考虑扩大相应比例。综合行政执法部门之间也应当和编委办公室进行沟通，编制划转之后及时给原执法队伍做出补充。

二是行政执法力量应向辖区队伍倾斜，提高基层人员比例，保障一线执法力量。执法人员数量配备应该相应调整以应对管理片区较大、流动人口多的辖区管理。可配备一定数量执法协管员来提高执法效率。由此一来深化综合行政执法体制改革主要力量能够加速形成战斗力。

三是要同时加强职能转化和编制转化的工作，避免个别部门放权不放人的现象发生。执法局之前确实存在大部分原主管部门事业编制人员都参公的问题。因此在行政编制核定时，应当有效解决执法人员编制问题，对于具备条件的都采用行政编制。

8.8 本章小结

本章在新制度经济学理论、行政法治理论和治理理论的基础上阐述了优化综合行政执法的对策和建议。第一要加强综合行政执法法治化，加快立法，完善执法法律体系、科学界定执法职权、精简优化执法程序；第二要构建合法合理长效综合行政执法体制，包括继续推进大部制改革实行综合行政执法、建立健全纵向横向执法联动机制和组织机制、科学划分行政执法管理权限；第三要建设服务型政府，树立健康执法观念，例如法治理念和公共服务、以人为本理念；第四要创新城市管理综合行政执法工作制度和执法方式，包括加强公共政策环境分析和政策沟通、创新并完善综合行政执法内部工作制度、根据执法对象和事务构建行政执法方案和执法队伍、建立综合行政执法公众参与制度、健全综合行政执法网格化机制；第五要完善综合行政执法协作配合和监督管理，包括健全综合行政执法协调指挥机制、完善协作配合机制、考核督查机制等；第六要畅通综合行政执法信息共享渠道，建立健全城市"数字化"管理，包括加强信息化手段辅助支持综合执法、推进智慧化执法，完善服务平台，建立健全城市"数字化"管理；第七要强化队伍建设，注重执法队伍形象，包括全面提升城管执法人员执法素质、完善综合行政执法体制改革的人员保障等内容。

第9章 主要结论及展望

9.1 主要结论

本书通过大量调查研究和文献回顾，以新制度经济学为研究视角，结合行政法治理论、公共治理理论，系统分析和研究了我国综合行政执法的历史发展历程、存在的问题。在对其他国家城市执法经验的借鉴和我国城市执法现状实证分析的基础上，研究了综合行政执法与我国行政效率的关系。最后，提出我国综合行政执法绩效考核体系的建立和优化综合行政执法改革的对策建议。

第一，强化综合行政执法立法，加快法治化政府建设。建立和完善综合行政执法法律体系、合理界定城市管理综合行政执法职权范围、精简优化执法程序。

第二，构建合法合理长效综合行政执法体制。继续推进大部制改革实行综合行政执法、建立健全纵向横向执法联动机制和组织机制、科学划分行政执法管理权限。

第三，要建设服务型政府，树立健康执法理念。城管执法要树立法治观念、树立城管执法公共服务理念、树立城管执法以人为本理念。

第四，创新城市管理综合行政执法工作制度和执法方式。加强公共政策环境分析和政策沟通、创新并完善综合行政执法内部工作制度、根据执法对象和事务构建行政执法方案和执法队伍、建立综合行政执法公众参与制度、健全综合行政执法网格化机制。

第五，要完善综合行政执法协作配合和监督管理。健全综合行政执法协调指挥机制、完善综合行政执法协作配合机制、完善综合行政执法考核督查机制。

第六，要畅通综合行政执法信息共享渠道，建立健全城市"数字化"管理，包括加强信息化手段辅助支持综合执法、推进"互联网+综合行政执法"和"大数据+综合行政执法"、完善服务平台，建立健全城市"数字化"管理。

第七，要强化队伍建设，注重执法队伍形象。包括全面提升城管执法人员执法素质、完善综合行政执法体制改革的人员保障等内容。

9.2 局限性及展望

鉴于研究条件所限制，本书仍然存在不足之处。

（1）研究对象及区域范围局限

因时间和经费的限制，本书调查所针对我国部分一线、二线城市进行研究，研究主要以辽宁为中心，偏向东部沿海地区及周边地区。对于一些三四线城市和中西部地区的研究仍没有面面俱到地展开。今后的研究可以继续对三线以下城市进行研究，范围可以扩大到中、西部地区各省份，继续加强实证研究，丰富案例体系，本书还可以进一步拓展。

（2）借鉴对象的局限

本书借鉴的国家有限，除此之外，世界上还有很多国家先进的行政执法方式和经验可以借鉴。今后的研究可以以管理成果案例为借鉴对象，对一些拥有先进的行政执法方式和经验的国家进行系统分析，归纳其对我国改革的借鉴意义，后续研究还有较大的完善空间。

（3）绩效考核指标体系的局限

本书在平衡计分卡基础上建立我国综合执法绩效考核体系，在指标的选择过程中，本书没有进行二次筛选，因此在指标的细分上会存在欠缺。今后的研究可以探索综合行政执法部门应用平衡计分卡的实施和推广流程，探索平衡计分卡在综合行政执法部门实践的效果，分析在综合行政执法部门实施的障碍，并研究相应的保障机制。建议将理论研究应用于综合行政执法绩效考核的实践中。同时，可以继续研究如何构建激励和监督机制，强化绩效考核指标体系的实践运用。

参考文献

[1] 边晓慧，张成福. 府际关系与国家治理：功能、模型与改革思路 [J]. 中国行政管理，2016 (5)：14-18.

[2] 戴昕. "教义学启发式"思维的偏误与纠正——以法学中的"自杀研究"为例 [J]. 法商研究，2018 (5)：80-92.

[3] 危立. 社会成本问题讨论 [J]. 合作经济与科技，2018 (20)：156-159.

[4] 郭文娟，唐任伍. 基于交易费用范式的"秦政"研究 [J]. 西安财经学院学报，2018 (5)：108-113.

[5] 余浪，李秉成，田丽媛. 内部资本市场效率、财务危机传染与预警——基于政府层级与调节效应视角的分析 [J]. 山西财经大学学报，2018 (10)：90-107.

[6] 钟震. 金融监管协调：通道理论的提出及应用 [J]. 财贸经济，2018 (9)：57-73.

[7] 肖小溪，李晓轩. 科研项目承担单位信用内涵及形成机理研究 [J]. 科学学研究，2018 (9)：1610-1614.

[8] 荣莉，冯少勤. 签字注册会计师轮换管理会影响审计质量吗 [J]. 当代财经，2018 (9)：124-133.

[9] 刘雪华，马威力. 地方政府治理能力提升的理论逻辑与实践路径——基于当前我国社会主要矛盾变化的研究 [J]. 社会科学战线，2018 (9)：276-280.

[10] 周志刚，万健琳. 武汉市城市垃圾处理现状分析与对策研究 [J]. 生态经

济，2018（9）：123-127.

[11] 胡欣然，雷良海. 我国地方政府债务的再思考——基于新供给理论与供给侧结构性改革的视角 [J]. 财经科学，2018（8）：95-106.

[12] 谭瑾，徐细雄，徐光伟. 地区腐败与企业运营效率——基于交易成本视角的实证检验 [J]. 现代财经（天津大学学报），2018（9）：18-35.

[13] 刘辉，周长艳. 小型农田水利治理：禀赋特征、产权结构与契约选择 [J]. 农业经济问题，2018（8）：128-137.

[14] 周业安. 重新理解组织行为：信息、理性和社会性 [J]. 学术月刊，2018（8）：33-41.

[15] 赵岳阳，徐传谌. 公有制的效率优势：一个马克思主义的微观模型 [J]. 马克思主义研究，2018（8）：58-71.

[16] 刘建生，颜冬梅. 金融需求变迁视角下山西票号衰亡及对当代启示 [J]. 经济问题，2018（9）：120-124.

[17] 齐平，李如潇. 基于契约理论的战略联盟企业信息资源共享模式研究 [J]. 情报科学，2018（8）：46-52.

[18] 王一雪. 国外科学知识经济学研究述评——一种基于经济学的自然化认识论 [J]. 科学技术哲学研究，2018（4）：112-117.

[19] 郑展鹏，岳帅. 互联网普及、地方政府竞争与中国区域外商直接投资 [J]. 经济体制改革，2018（4）：70-75.

[20] 袁庆明，尹玉婷. 产权清晰与效率增进：以公车制度改革为例 [J]. 江西财经大学学报，2018（4）：24-32.

[21] 吴宝升. 我国商业性体育赛事行政审批制度变革——基于制度变迁视角 [J]. 体育与科学，2018（4）：104-112.

[22] 陈绍军，任毅，卢义桦. 空间产权：水库移民外迁社区公共空间资源的"公"与"私" [J]. 学习与实践，2018（7）：100-107.

[23] 杜爱国. 中国经济高质量发展的制度逻辑与前景展望 [J]. 学习与实践，2018（7）：5-13.

[24] 符文颖. 基于历史制度分析的珠江三角洲非国有经济演化 [J]. 地理研究，2018（7）：1334-1348.

[25] 任康钰，谢丹，孙文莉. 金砖国家国际并购的决定因素及实证分析 [J]. 国际经贸探索，2018（6）：78-92.

[26] 周建波，孙圣民，张博等. 佛教信仰、商业信用与制度变迁——中古时期寺院金融兴衰分析 [J]. 经济研究，2018（6）：186-198.

[27] 王锋. 行动者：治理转型中的行政主体 [J]. 行政论坛，2018（5）：66-72.

[28] 张振波，金太军. 国家治理体系中政策审计体制改革研究 [J]. 行政论坛，2018 (5)：86-91.

[29] 张雍男. 绿色供应链管理模式研究——以全友家居为例 [J]. 中国管理信息化，2018 (19)：86-87.

[30] 卫薇. 资源型地区地方政府治理创新研究——一个新的分析框架 [J]. 经济问题，2018 (10)：110-114.

[31] 马学广，窦鹏. 中国城市群同城化发展进程及其比较研究 [J]. 区域经济评论，2018 (5)：105-115.

[32] 赵细康，曾云敏，吴大磊. 多层次治理中的向下分权与向外分权：基于农村垃圾治理的观察 [J]. 中国地质大学学报（社会科学版），2018 (5)：83-93.

[33] 姜宁宁. 新社会组织的任务型管理模式探析 [J]. 理论与改革，2018 (5)：58-70.

[34] 白艳娟. 我国市政公用事业特许经营障碍及其对策分析 [J]. 北京经济管理职业学院学报，2010，(2)：19-22.

[35] 程雷. 基于政府责任和公民权利的社会保障制度研究 [D]. 大连：东北财经大学，2012.

[36] 陈巍. 绩效评估与政府责任机制创新研究 [D]. 湘潭：湘潭大学，2013.

[37] 崔凤军. 三维分权视角下当代中国行政体制改革的逻辑与出路：中国式分权主义研究 [D]. 杭州：浙江大学，2013.

[38] 陈学斌. 中国林业执法改革问题研究 [D]. 武汉：中共湖北省委党校，2012.

[39] 程序. 新制度经济学视野的我国现代大学制度建设问题研究 [J]. 中国教育学刊，2015 (1)：152-153.

[40] 蔡潇彬. 诺斯的制度变迁理论研究 [J]. 东南学术，2016 (1)：120-127.

[41] 陈瑞英. 垃圾发电BOT项目处理费调价公式的确定 [J]. 有色冶金节能，2013 (3)：46-48.

[42] 程虹. 制度变迁的周期：一个一般理论及其对中国改革的研究 [M]. 北京：人民出版社，2000.

[43] 聂鸣，蔡铂. 学习、集群化与区域创新体系 [J]. 研究与发展管理，2002 (5)：16-20.

[44] 蔡宁，吴结兵. 企业集群的竞争优势：资源的结构性整合 [J]. 中国工业经济，2002 (7)：45-50.

[45] 陈佳贵，王钦. 中国产业集群可持续发展与公共政策选择 [J]. 中国工业经济，2005 (9)：5-10.

[46] 陈雪梅. 区域核心竞争力: 企业集群与地方品牌 [J]. 学术研究, 2003 (3): 16-17.

[47] 程启智. 马克思的企业理论与科斯等人的企业理论的比较研究 [J]. 当代经济研究, 1999 (6): 50-53.

[48] 陈剑峰, 张乃平. 试论产业群的核心能力 [J]. 科技进步与对策, 2002 (4): 104-106.

[49] 陈玉平. 产业集群的经济学解析及政府功能的发挥 [J]. 商业研究, 2005 (17): 23-26.

[50] 陈旭. 基于产业集群的技术创新扩散研究 [J]. 管理学报, 2005 (3): 333-336.

[51] 陈天祥. 论政府在制度变迁中的作用 [J]. 中国行政管理, 2001 (10): 50-53.

[52] 曹海青. 我国城市管理的典型做法和经验借鉴 [J]. 城市管理与科技, 2013 (5): 55-57.

[53] 陈海萍. 城市管理综合执法手段的合比例原则考察 [J]. 行政与法, 2005 (3): 45-49.

[54] 陈媛. 论反腐败的道德机制建设 [J]. 上海师范大学学报 (哲学社会科学版), 2014 (2): 12-18.

[55] 丁先存, 苏立宁. 我国行政管理体制改革的正义价值及其实现 [J]. 中国行政管理, 2009 (4): 45-48.

[56] 丁煌, 潘荣坤. 中国行政改革的深化研究——基于美国进步时代改革经验的视角 [J]. 湘潭大学学报 (哲学社会科学版), 2016 (2): 22-26.

[57] 丁睿, 李海旗. 成都经济区 "同城化" 规划建设工作的思考 [J]. 四川建筑, 2010 (4): 51-53.

[58] 丁宁. 美国大学终身教职制度的改革走向 [J]. 复旦教育论坛, 2007 (3): 66-69.

[59] 邓君, 司有和, 黎藜. 企业集群衰退的原因及对策 [J]. 经济纵横, 2006 (4): 69-71.

[60] 冯志明. 共青团 "枢纽型" 社会组织建设浅探 [J]. 思想教育研究, 2011 (10): 85-89.

[61] 杨蕙馨, 冯文娜. 中间性组织存在的合理性与稳定性分析 [J]. 经济学动态, 2004 (9): 30-33.

[62] 符正平. 论企业集群的产生条件与形成机制 [J]. 中国工业经济, 2002 (10): 20-26.

[63] 符正平. 专业镇成长: 从无形走向有形 [J]. 学术研究, 2002 (7):

15-16.

[64] 方展画，林莉．大学人事制度改革中专业性协调力量：美国大学教授联合会在大学"终身聘任后评审"运动中的作用述评 [J]．比较教育研究，2006（6）：50-54.

[65] 高小平．政府责任法治：管理效率与服务公平的统一——评李燕凌的新作《公共服务视野下的政府责任法治》[J]．中国行政管理，2016（2）：159.

[66] 谷永芬，龙小雨．世博会与长三角区域经济一体化发展的路径选择——以合作博弈为视角 [J]．江西社会科学，2010（7）：90-94.

[67] 高洪波．教育协会在美国教育中的地位和作用 [J]．世界教育信息，2006（2）：27-29.

[68] 侯革利．建设我国高素质行政执法队伍的宏观构想 [J]．行政与法，2013（5）：27-30.

[69] 葛岩．教授终身制利弊谈 [J]．中国高等教育评估，2006（2）：65-66.

[70] 耿益群，高益民．美国高校终身教授制度的历史演进 [J]．比较教育研究，2005（7）：32-37.

[71] 盖文启，朱华晟．产业的柔性集聚及其区域竞争力 [J]．经济理论与经济管理，2001（10）：25-31.

[72] 郭淑芬．试析产业群的内涵与本质 [J]．科学技术与辩证法，2002（6）：74-77.

[73] 胡敏．"黄岛经验"的先行价值 [J]．人民论坛，2016（6）：77.

[74] 侯静．改革开放以来中国行政体制改革目标研究 [D]．长春：东北师范大学，2014.

[75] 黄卉，苏立宁．基于官僚制理论演变视角论我国公共行政改革 [J]．辽宁行政学院学报，2009（1）：14-16.

[76] 胡浩志．交易费用计量研究述评 [J]．中南财经政法大学学报，2007（4）：20-26.

[77] 黄荔．引领时代脉搏 倾听智慧交锋——首届全国城市管理论坛成功举办 [J]．城市管理与科技，2012（3）：6-7.

[78] 姜爱华．政府购买公共服务绩效及影响因素文献述评 [J]．中国行政管理，2016（5）：38-42.

[79] 江垣德．广西农业行政执法有效性研究——基础社会管理创新的视角 [D]．北京：中国农业大学，2014.

[80] 戢浩飞．行政执法方式变革研究 [D]．武汉：武汉大学，2013.

[81] 金玉国，王琳．政治型交易成本测算的两个维度及其关系——基于中国分省份截面数据的实证研究 [J]．财经研究，2010（1）：16-26.

［82］ 金玉国．体制转型对交易费用节约效应的实证分析：1991—2002［J］．上海经济研究，2005（2）：18-25.

［83］ 蒋影明．交易成本理论的失误［J］．学海，2007（6）：117-120.

［84］ 金玉国，张伟．1991—2002年我国外在性交易费用统计测算——兼论体制转型绩效的计量［J］．中国软科学，2005（1）：35-40.

［85］ 刘承毅．城市垃圾处理行业市场化改革与政府规制研究［D］．大连：东北财经大学，2014.

［86］ 李庚．我国农业行政管理体制创新研究［D］．咸阳：西北农林科技大学，2014.

［87］ 刘厚金．我国政府公共服务的体制分析及其路径选择［J］．上海行政学院学报，2011（1）：32-38.

［88］ 刘洋．新制度经济学视角下的苏联经济史——对我国政治经济体制改革的启示［J］．特区经济，2012（2）：107-109.

［89］ 柳亦博．政府引导视阈下的社会冲突治理：一个基于冲突治理结构的解释框架［J］．公共管理与政策评论，2014（2）：37-44.

［90］ 娄成武，董鹏．中国政府改革的逻辑理路——从简政放权到供给侧改革［J］．贵州社会科学，2016（7）：123-129.

［91］ 刘承礼．当代中国地方政府行为的新制度经济学分析［J］．天津社会科学，2009（1）：59-65.

［92］ 李文彬．我国行政管理体制改革的理论进展与路径选择——一个综述［J］．经济与管理评论，2015（3）：77-82.

［93］ 刘淑芸．基于新制度经济学视角的我国高等教育评估制度重建研究［D］．上海：华东师范大学，2014.

［94］ 罗昆，李道先．高校去行政化改革的路径探究——基于新制度经济学的视角［J］．湖北经济学院学报，2014（1）：41-45.

［95］ 卢周来．新制度经济学，新政治经济学，还是社会经济学？——兼谈中国新制度经济学未来的发展［J］．管理世界，2009（3）：159-165.

［96］ 刘勇，田杰，余子鹏．诺斯制度变迁理论的变迁分析［J］．理论月刊，2012（12）：119-123.

［97］ 刘晓洋．制度约束、技术优化与行政审批制度改革［J］．中国行政管理，2016（6）：29-34.

［98］ 李新春．企业家协调与企业集群——对珠江三角洲专业镇1企业集群化成长的分析［J］．南开管理评论，2002（3）：49-55.

［99］ 李新春．经理人市场失灵与家族企业治理［J］．管理世界，2003（4）：87-93.

[100] 林迎星. 国外区域创新系统研究综述 [J]. 中国科技论坛, 2004 (6): 64-69.

[101] 刘学良, 斌栋, 刘伟, 等. 制度变迁视角下的区域经济发展——苏南模式与温州模式的比较与启示 [J]. 现代城市研究, 2008 (3): 67-72.

[102] 林杰. 美国高校组织理论中的学院模型 [J]. 高等教育研究, 2006 (7): 93-102.

[103] 刘春玲, 邢颖. 高校教师培训存在的问题与对策探讨 [J]. 中国电力教育, 2007 (1): 62-64.

[104] 刘京辉. 求精不求大: 普林斯顿大学的办学特色 [J]. 中国高等教育, 2006 (13): 78-79.

[105] 刘经南. 促进高校人才队伍建设 深化教师职务聘任改革 [J]. 中国高等教育, 2006 (2): 23-25.

[106] 刘思安. 高校教师绩效评价结果的应用及其问题与思考 [J]. 中国高教研究, 2006 (8): 50-51.

[107] 李婷, 陈向东. 产业集群的学习模式及其创新特征研究 [J]. 科技管理研究, 2006 (02): 147-149.

[108] 李媛. 城市管理行政执法博弈分析的法律启示 [J]. 城市发展研究, 2012 (8): 115-119.

[109] 卢现祥, 朱巧玲. 交易费用测量的两个层次及其相互关系研究述评 [J]. 数量经济技术经济研究, 2006 (7): 97-108.

[110] 罗必良. 交易费用的测量: 难点、进展与方向 [J]. 学术研究, 2006 (9): 32-37.

[111] 卢现祥, 李小平. 制度转型、经济增长和交易费用——来自中国各省市的经验分析 [J]. 经济学家, 2008 (3): 56-64.

[112] 李建标, 曹利群. "诺思第二悖论"及其破解——制度变迁中交易费用范式的反思 [J]. 财经研究, 2003 (10): 31-35.

[113] 卢周来. 也谈"诺斯第二悖论"及其求解 [J]. 经济经纬, 2004 (3): 10-13.

[114] 吕文栋, 张辉. 全球价值链下的地方产业集群战略研究 [J]. 中国软科学, 2005 (2): 119-124.

[115] 缪仁炳, 陈志昂. 中国交易费用测度与经济增长 [J]. 统计研究, 2002 (8): 14-20.

[116] 马智胜, 李兴平. 新制度经济学的基本理论及其现实意义初探 [J]. 企业经济, 2005 (1): 5-6.

[117] 梅丽霞, 蔡铂, 聂鸣. 全球价值链与地方产业集群的升级 [J]. 科技进步

与对策，2005（4）：11-13.

[118] 芮鸿程．企业网络的治理边界探析［J］．财经科学，2003（5）：69-72.

[119] 马琼丽．当代中国行政中的公众参与研究［D］．昆明：云南大学，2013.

[120] 麻宝斌，贾茹．权力清单制度的理论分析与现实检视［J］．探索，2016
（3）：111-114.

[121] 马庆钰，曹堂哲，谢菊．中国社会组织发展指标体系构建与预测［J］．中
国行政管理，2015（4）：69-78.

[122] 马怀德，车克欣．北京市城管综合行政执法的发展困境及解决思路［J］.
行政法学研究，2008（2）：1-4.

[123] 倪庆华．新制度经济学视角下我国出版业转企改制研究［D］．武汉：武汉
大学，2011.

[124] 宁越敏．国外大都市区规划体系评述［J］．世界地理研究，2003（1）：
36-43.

[125] 彭善民．枢纽型社会组织建设与社会自主管理创新［J］．江苏行政学院学
报，2012（1）：64-67.

[126] 齐泽旭．新制度经济学视野下美国高等学校教师管理制度研究［D］．长
春：东北师范大学，2008.

[127] 邱成利．制度创新与产业集聚的关系研究［J］．中国软科学，2001（4）：
100-103.

[128] 秦迪．以群众路线为导向　推进行政执法工作［J］．法制与社会，2014
（32）：244-245.

[129] 任金秋，曹淑芹．以服务型政府为导向的政府绩效评估体系的完善［J］.
内蒙古大学学报（哲学社会科学版），2010（6）：5-9.

[130] 桑秋，张平宇，罗永峰，等．沈抚同城化的生成机制和对策研究［J］．人
文地理，2009（3）：32-36.

[131] 谯薇．我国中小企业集群发展的思考［J］．经济体制改革，2002（6）：
49-51.

[132] 沈威．产业集群发展与地方政府作用［J］．中国科技产业，2004（6）：
47-49.

[133] 孙圣民．新制度经济学与演化经济学意识形态理论的比较分析［J］．制度
经济学研究，2005（1）：71-96.

[134] 沈子华．城市市容管理中"私权利"的保护原则［J］．行政论坛，2013
（4）：62-66.

[135] 孙金礼．论城市管理与发展经济的关系［J］．现代经济信息，
2013（8）：8.

[136] 史莉莉. 城市综合执法问题及破解的法理路径 [J]. 上海城市管理, 2012 (3): 68-71.

[137] 孙萍, 邵宏珠, 于浩. 服务型政府发展阶段探析 [J]. 东北大学学报, 2012 (1): 42-46.

[138] 沈芳. 流通费用和交易费用的比较研究 [J]. 经济纵横, 2009 (9): 20-24.

[139] 石亚军, 施正文. 我国行政管理体制改革中的"部门利益"问题 [J]. 中国行政管理, 2011 (5): 7-11.

[140] 施青军, 阿里叶·司康德. 政府绩效评价: 一种新的再认识 [J]. 中国行政管理, 2016 (4): 23-26.

[141] 沈满洪, 张兵兵. 交易费用理论综述 [J]. 浙江大学学报 (人文社会科学版), 2013 (1): 12-26.

[142] 孙涛. 新制度经济学和新经济社会学理论体系比较 [J]. 东岳论丛, 2011 (4): 137-141.

[143] 孙健, 张永华. 新制度经济学视角下的公共服务供给制度完善理路 [J]. 西北师大学报 (社会科学版), 2012 (5): 124-128.

[144] 唐攀, 周坚. 非常规突发事件应急响应组织结构及运行模式 [J]. 北京理工大学学报 (社会科学版), 2013 (2): 82-89.

[145] 陶悦. 社会主义核心价值观之诚信的传统文化根源 [J]. 学术交流, 2015 (12): 63-67.

[146] 唐逸如. 柔性执法是伪概念——老城管谈城管执法之难 [J]. 社会观察, 2013 (9): 11-13.

[147] 汪玉凯. 行政体制内涵式改革开启 [J]. 人民论坛, 2013 (11): 47-49.

[148] 魏礼群. 积极稳妥推进大部门制改革 [J]. 求是, 2011 (12): 15-18.

[149] 汪玉凯. 中国行政改革: 历程、战略与突破 [J]. 国家行政学院学报, 2009 (4): 24-30.

[150] 王浦劬. 论新时期深化行政体制改革的基本特点 [J]. 中国行政管理, 2014 (2): 6-14.

[151] 魏礼群. 推进政务服务标准化 提升政府治理现代化水平 [J]. 行政管理改革, 2015 (12): 13-17.

[152] 王怀远. 沈阳城市管理中的行政执法问题研究 [D]. 大连: 大连理工大学, 2015.

[153] 韦森. 再评诺斯的制度变迁理论 [J]. 经济学 (季刊), 2009 (2): 743-767.

[154] 王震, 孙健敏. 领导—成员交换关系质量和差异化对团队的影响 [J]. 管

理学报，2013（2）：220.

[155] 吴元波，吴聪林. 上海大都市新城建设与城镇空间布局的对策与模式分析 [J]. 华东理工大学学报（社会科学版），2010（3）：107-114.

[156] 王英杰. 大学危机：不容忽视的难题 [J]. 探索与争鸣，2005（3）：36-85.

[157] 王冀生. 建立有中国特色的现代大学制度——攻坚阶段我国高等教育体制改革的重点 [J]. 高教探索，2000（1）.

[158] 王洪涛. 威廉姆森交易费用理论述评 [J]. 经济经纬，2004（4）：11-14.

[159] 伍山林. 交易费用定义比较研究 [J]. 学术月刊，2000（8）：8-12.

[160] 吴承明. 经济学理论与经济史研究 [J]. 经济研究，1995（4）：3-9.

[161] 温洪涛. 交易费用和制度变迁的分析与启示 [J]. 经济问题，2010（4）：20-23.

[162] 卫志民. 近70年来产业组织理论的演进 [J]. 经济评论，2003（1）：86-90.

[163] 吴金群，耿依娜. 政府的性质：新制度经济学的视角 [J]. 浙江大学学报（人文社会科学版），2008（2）：57-66.

[164] 王冰，顾远飞. 簇群的知识共享机制和信任机制 [J]. 外国经济与管理，2002（5）：2-7.

[165] 王道平，李林，秦国文. 论区域创新网络与中小企业技术创新 [J]. 求索，2003（1）：46-47.

[166] 王缉慈，童昕. 论全球化背景下的地方产业群——地方竞争优势的源泉 [J]. 战略与管理，2001（6）：28-36.

[167] 魏江. 小企业集群创新网络的知识溢出效应分析 [J]. 科研管理，2003（4）：56-60.

[168] 王琳，费蓬煜. 城市管理中的行政执法困境及其破解 [J]. 人民论坛，2001（27）：108-109.

[169] 王国永. 刍议与行政权不匹配的行政执法人员管理制度 [J]. 行政论坛，2013（5）：77-82.

[170] 吴军飞. 我国城市管理综合执法问题探讨 [J]. 成都大学学报（社会科学版），2008（5）：5-6.

[171] 王仪祥，张文. 新制度经济学的发展、范式和启示 [J]. 福建农林大学学报（哲学社会科学版），2002（2）：47-51.

[172] 许欢，高小平，李和中. “圈内化”“类型化”科层制弊端与腐败心理发生机制及对策 [J]. 行政论坛，2016（1）：26-30.

[173] 夏书章. 行政管理学科研究顶层设计问题刍议 [J]. 中国行政管理，2011

(8)：7-10.

[174] 许超. 十六大以来我国行政体制改革的回顾与思考 [J]. 中国行政管理，2013 (3)：16-19.

[175] 夏德峰. 综合行政执法改革的难题及其破解 [J]. 中国行政管理，2016 (6)：35-39.

[176] 徐凌蔚. 一个企业理论的研究综述 [J]. 生产力研究，2012 (4)：249-251.

[177] 徐桂华，魏倩. 制度经济学三大流派的比较与评析 [J]. 经济经纬，2004 (6)：13-17.

[178] 徐康宁. 开放经济中的产业集群与竞争力 [J]. 中国工业经济，2001 (10)：25-30.

[179] 何海英，李淼. 城市综合行政执法治理研究——基于社区治理视角 [J]. 沈阳建筑大学学报（社会科学版），2018 (1)：85-89.

[180] 徐元康. 新制度经济学的分析方法评述 [J]. 攀登，2001 (4)：54-58.

[181] 苑梅. 我国农村社会养老保险制度研究 [D]. 大连：东北财经大学，2011.

[182] 阮朝奇. 民族自治州行政管理体制改革研究——以文山壮族苗族自治州为例 [D]. 昆明：云南大学，2012.

[183] 于之倩，李郁芳. 财政分权下地方政府行为与非经济性公共品——基于新制度经济学的视角 [J]. 暨南学报（哲学社会科学版），2015 (2)：102-109.

[184] 虞瑞凯. 城市管理行政执法存在的问题与对策研究 [D]. 湘潭：湘潭大学，2014.

[185] 杨瑞龙，冯健. 企业间网络的存在性：一个比较制度分析框架 [J]. 江苏行政学院学报，2006 (1)：42-48.

[186] 杨蕙馨，冯文娜. 产业集群存在的合理性与稳定性分析 [J]. 经济学动态，2004 (9)：29-32.

[187] 袁庆明. 关于交易费用的几个问题 [J]. 江苏社会科学，2004 (1)：54-59.

[188] 袁庆明. 微观与宏观交易费用测量的进展及其关系研究 [J]. 南京社会科学，2011 (3)：15-20.

[189] 沈雪，何海英. 营商环境评价指标的影响效应研究——以辽宁省样本为例 [J]. 辽宁经济，2018 (7)：13-15.

[190] 袁庆明. "诺思第二悖论"及其新破解 [J]. 当代财经，2012 (9)：5-15.

[191] 战旭英. 地方政府绩效评估的悖论解析 [J]. 中国行政管理，2015 (11)：

45-49.

[192] 郑俊田，郜媛莹，顾清．地方政府权力清单制度体系建设的实践与完善 [J]．中国行政管理，2016 (2)：6-9.

[193] 张向达，程雷．论西方社会保障的伦理嬗变及启示 [J]．伦理学研究，2012 (1)：54-59.

[194] 周志忍．内部控制与外部责任：论政府绩效评估的目标定位 [J]．北京电子科技学院学报，2015 (3)：1-8.

[195] 周志忍．深化行政改革需要深入思考的三个问题 [J]．中国行政管理，2010 (1)：15-21.

[196] 张康之．我们为什么要建设服务型政府 [J]．行政论坛，2012 (1)：1-7.

[197] 张祥吉．效率提高视角下的中国行政体制改革研究 [D]．大连：东北财经大学，2013.

[198] 周志忍，徐艳晴．政府绩效管理的推进机制：中美比较的启示 [J]．中国行政管理，2016 (4)：139-145.

[199] 张晓杰．中国公众参与政府环境决策的政治机会结构研究 [D]．沈阳：东北大学，2010.

[200] 张晓．工商行政执法有效性研究 [D]．武汉：武汉大学，2012.

[201] 朱文杰．基层综合行政执法改革创新研究——以宁波市北仑区为例 [D]．宁波：宁波大学，2015.

[202] 张小明，曾凡飞．"大城管"模式下城市综合执法联动机制研究——以贵阳市为例 [J]．中国行政管理，2010 (8)：72-76.

[203] 张步峰，熊文钊．城市管理综合行政执法的现状、问题及对策 [J]．中国行政管理，2014 (7)：39-42.

[204] 郑才法．深化县域行政执法体制改革的对策与建议 [J]．中国行政管理，2015 (10)：154-155.

[205] 周国艳．西方新制度经济学理论在城市规划中的运用和启示 [J]．城市规划，2009 (8)：9-18.

[206] 曾群华．新制度经济学视角下的长三角同城化研究——以上海、苏州、嘉兴为例 [D]．上海：华东师范大学，2011.

[207] 张五常．新制度经济学的现状及其发展趋势 [J]．当代财经，2008 (7)：5-9.

[208] 张涌．新制度经济学视角下产业集群形成及发展机理研究 [D]．广州：暨南大学，2008.

[209] 张屹山，高丽媛．制度变迁下交易费用变化的权力视角分析——对诺斯第二悖论的再认识 [J]．东北师大学报（哲学社会科学版），2014 (3)：

87-92.

[210] 周海欧. 经济增长、交易费用与制度变迁的一个形式化分析框架——新兴古典经济学的贡献 [J]. 当代财经, 2013 (5): 5-14.

[211] 赵红军. 交易效率: 衡量一国交易成本的新视角——来自中国数据的检验 [J]. 上海经济研究, 2005 (11): 3-14.

[212] 张敏. 交易政治学的两个范式: 方法形成及其模型评介——布坎南公共选择理论和新制度经济学派的政治学比较研究 [J]. 南京社会科学, 2005 (3): 15-21.

[213] 张伟峰, 杨选留. 技术创新: 一种创新网络视角研究 [J]. 科学学研究, 2006 (2): 294-298.

[214] 张伟峰, 万威武. 企业创新网络的构建动因与模式研究 [J]., 研究与发展管理, 2004 (3): 62-68.

[215] 周业安. 中国制度变迁的演进论解释 [J]. 经济研究, 2000 (5): 3-11.

[216] 周和睦. 社会化城市管理的宣城模式 [J]. 城市管理与科技, 2012 (2): 28-32.

[217] 曾峻. 相对集中行政处罚权与中国行政执法体制的改革: 以城市管理为例 [J]. 政治学研究, 2003 (4): 87-96.

[218] 周继东. 深化行政执法体制改革的几点思考 [J]. 行政法学研究, 2014 (1): 11-16.

[219] Amnon Frenkel, Daniel E. Orenstein. Can Urban Growth Management Work in an Era of Political and Economic Change? [J]. Journal of the American Planning Association, 2012 (1): 16-33.

[220] Aaron J. Pothier, Andrew A. Millward. Valuing Trees on City-Centre Institutional Land: an Opportunity for Urban Forest Management [J]. Journal of Environmental Planning and Management, 2013 (9): 1380-1402.

[221] Arthur M. Cohen, Carrie B. Kisker. The Shaping of American Higher Education: Emergence and Growth of the Contemporary System [M]. San Francisco: Jossey-Bass Publishers, 1998.

[222] Adrianna Kezar, Peter D. Eckel. The Effect of Institutional Culture on Change Strategies in Higher Education [J]. The Journal of Higher Education, Vol.73, No.4, 2002.

[223] Alexander E R. A Transaction Cost Theory of Planning [J]. American Planning Association, 1992 (194): 190-200.

[224] Alexander E R. To Plan or not to Plan, That is the Question: Transaction

Cost Theory and Its Implications for Planning [J]. Environment and Planning B: Planning and Design, 1994 (21): 341-352.

[225] Alexander E R.Governance and Transaction Costs in Planning Systems: a Conceptual Framework for Institutional Analysis of Land-Use Planning and Development Control——the Case of Lsrael [J]. Environment and Planning B: Planning and Design 2001a, 28: 755-776 .

[226] Alexander E R. A Transaction-Cost Theory of Land Use Planning and Development Control [J]. Town Planning Review, 2001b, 72 (1): 45-75.

[227] Arrow K J. Social Choice and Individual Values [M]. London: New Haven: Yale University Press.1963.

[228] Barry R.Weingast, The Economic Role of Political Institutions: Market-Preserving Federalism and Economic Development, Journal o f Law, Economics and Organization, 1995 (11).

[229] Beeby, C. E. The Meaning of Evaluation [J]. Current Issues in Education, 2010 (4). 194-197.

[230] Basu, Kaushik, Eric Jones, Ekkehart Schlicht.The Growth and Decay of Custom: The Role of the New Institutional Economics in Economic History [J] .Explorations in Economic History, 1987, 24 (1): 1-21.

[231] Becker, G.S.Irrational Behavior and Economic Theory [J] .Journal of Political Economy, 1962 (70): 1-13.

[232] Buchanan J M, Tullock Gordon. The Calculus of Consent: Logical Foundations of Constitutional Democracy [M]. Michigan: Toronto: University of Michigan Press, 1965.

[233] Clark, Burton R, Guy Neave. The Encyclopedia of Higher Education [Z]. Oxford: Pergamon Press, 1992.

[234] Coase R H.The Nature of the Firm [J] .Economica. New Series, 1937, 4 (16): 386-405.

[235] Cullingworth B, Nadin Vincent.Town and Country Planning in the UK (13th Ed.) [M]. London: Routledge, 2002.

[236] Cathy A.Trower.News from the Tenure Front [J]. International Higher Education, 1997 (7).

[237] Cheng W., Yang X.Inframarginal Analysis of Division of Labor: A Survey [J]. Journal of Economic Behavior and Organization, 2004 (55): 137-174.

[238] Douglas W.Steeples.Managing Change in Higher Education [M]. San Francisco: Jossey-Bass Inc.Publishers, 1990.

[239] Diermeier D, Krehbiel K.Institutionalism as a Methodology [M]. Palo Alto; Evanston: Stanford University, Northwestern University, 2001.

[240] Downs A.An Economic Theory of Democracy [M]. New York: Harper and Row, 1957.

[241] Elham Akhondzadeh-Noughabi, Somayeh Alizadeh, Ali-Mohammad Ahmadvand, et al. FTiS: A New Model for Effective Urban Management: A Case Study of Urban Systems in Iran [J]. Cities, 2013 (31): 394-403.

[242] Edgar W.Knight.A Documentary History of Education in the South before 1860 [M]. Chapel Hill: University of North Carolina Press, 1949.

[243] Ernest.L.Boyer.Scholarship Reconsidered: Priorities of the Professoriate [M]. San Francisco: Jossey-Bass, 1990.

[244] Friedman, M.The Methodology of Positive Economics [C]. In Essays in Positive Economics, Chicago: University of Chicago Press, 1953.

[245] Franklin Bowditch Dexter.Documentary History of Yale University 1701-1745 [M]. New York: Arno Press and New York Times, 1969.

[246] Frederick Rudolph. The American College and University: A History [M]. Athens: The University of Georgia Press, 1990.

[247] Faludi A. The Performance of Spatial Planning [J]. Planning Practice andResearch, 2000, 15 (4): 299-318.

[248] Giddens A. Central Problems in Social Theory: Action, Structure and Contradiction in Social Analysis [M]. London: Macmillan, 1979.

[249] Hutchison, T.W.Institutionalist Economics Old and New [J] .Journal of Institutional and Theoretical Economics, 1984, 140 (3): 20-29.

[250] Hofstadter Richard, Wilson Smith. American Higher Education: a Documentary History [M]. Chicago: The University of Chicago Press, 1961.

[251] Henry Lee.Allen.Tenure: Why Faculty and the Nation Need It [J]. The NEA Higher Education Journal, 1997.

[252] Habermas J. The Theory of Communicative Action [M]. Cambridge: Polity Press, 1989.

[253] Hardin R.Collective Action [M]. London; Baltimore: TheJohns Hopkins University Press, 1982.

[254] Healey P. Collaborative Planning: Shaping Places in Fragmented Societies [M]. Basingstoke: Macmillan, 1997.

[255] Hindess B.Choice, Rationality and Social Theory [M]. London; Mass; North Sydney: The Academic Division of Unwin Hyman Ltd, 988.

[256] Innes J E.Planning Theory's Emerging Paradigm: Communicative Action and Interactive Practice [J]. Journal of Planning Education and Research, 1995, 14 (3): 183-191.

[257] J.L.Wagoner, S.E.Kellans.Professoriate: History and Status [A]. In: Burton R. Clark and Guy Neave. The Encylopedia of Higher Education (Vol.3) [Z]. Oxford: Pergamon Press Ltd, 1992.

[258] John A Centra. Reflective Faculty Evaluation: Enhancing Teaching and Determining Faculty Effectiveness [M]. San Francisco: Jossey-Bass, 1993.

[259] John R.Thelin.A History of American Higher Education [M]. Baitimore: The Johns Hopkins University Press, 2004.

[260] John S. Brubacher, Willis Rudy. Higher Education in Transition: A History of American Colleges and Universities, 1636-1976 [M]. 3rd Edition.New York: Harper & Row Pulishers, 1976.

[261] J.P.Aper, J.E.Ery.Post-Tenure Review at Graduate Institutions in the United States [J]. The Journal of Higher Education, 2003, 74 (3).

[262] James Perely. Tenure Remains Vital to Academic Freedom [J]. Chronicle of Higher Education, Vol.43, Iss.30.

[263] Keith Tribe. The "American System" and the Modern University [J]. Higher Education Quarterly, Vol.46, No.4, Autumn 1992.

[264] Lee J.H., Sabourian H. Coase Theorem, Complexity and Transaction Costs [J]. Journal of Economic Theory, 2007.

[265] Langlois, Richard N. What Was Wrong with the Old Institutional Economics (and What is Still Wrong with the New)? [J] .Review of Political Economy, 1989, 1 (11): 270-278.

[266] Linda K.Johnsrud, Vicki J.Rosser.Faculty Members' Morale and Their Intention to Leave —A Multilevel Explanation [J]. The Journal of Higher Education, Vol.73, No.4, 2002.

[267] Matthews, R.C.O. The Economics of Institutions and the Sources of Growth [J] .Economic Journal, 1986, 96 (12): 903-18.

[268] Martin Anderson. Imposters in the Temple: a Blueprint for Improving

Higher Education in America [M]. Stanford: Hoover Institution Press, 1998.

[269] Martin J.Finkelstein, et al.The New Academic Generation: A Profession in Transformation [M]. Baltimore: Johns Hopkins University Press, 1998.

[270] M.E.Sadler.How Far Can We Learn Anything of Practical Value from the Study of Foreign Systems of Education? [J]. Comparative Education Review, 1964, vol.7 (03).

[271] Nicholas Hans.Comparative Education: A Study of Educational Factors and Traditions [M]. 3rd Edition.London: Routledge and Kegan Paul, 1958.

[272] North D. Institutions, Economic Growth and Freedom: An Historical Introduction [J]. World Development, 1989, 17 (9): 1319-1332.

[273] North D. Institutions, Institutional Change and Economic Performance [M]. Cambridge: Cambridge University Press, 1990.

[274] Olson M.The logic of Collective Action: Public Goods and the Theory of Groups [M]. London; Cambridge, Mass: Harvard University Press, 1965.

[275] Ostrom E. A Method of Institutional Analysis [A].// FX Kaufmann, Majone, Giandomenico, et al. Guidance, Control, and Evaluation in the Public Sector [M]. Walter de Gruyter; Berlin; New York: Walter de Gruter and Co.

[276] Paul West Meyer. A History of American Higher Education [M]. Springfield: Charles C Thomas Publisher, 1985.

[277] David Farnham. Managing Academic Staff in Changing University Systems: International Trendls and Comparisons [M]. Buckingham: The Society for Research into higher Education and Open University Press, 1999.

[278] Renato Mazzini. Administrative Enforcement, Judicial Review and Fundamental Rights in EU Competition Law: A Comparative Contextual-Functionalist Perspective [J]. Common Market Law Review, 2012 (3): 971-1005.

[279] Richard Hofstadter, C. DeWitt Hardy. The Development and Scope of Higher Education in the United States [M]. New York: Columbia University Press, 1952.

[280] Shen F, Zhu Daoling, Bi Jiye.A Positive Research on the Governmental

Rent-Seeking by Institutional Arrangements ［M/OL］. The China Land Science.2005.

［281］ Sun G., Yang X., Zhou L.General Equilibria in Large Economies with Endogenous Structure of Division of Labor ［J］. Journal of Economic Behavior and Organization, 2004 (55): 237-256.

［282］ Smith A.An Inquiry into the Nature and Causes of the Wealth of Nations ［M］. Chicago: University of Chicago Press, 1976.

［283］ Shefrin, Hersh, 2002. Behavioral Corporate Finance. Santa Clara University, Working Paper.Alexander E, Faludi A.Planning and Plan Implementation: Notes on Evaluation Criteria ［J］. Environment and Planning B: Planning and Design, 1989, 16: 127-140.

［284］ Williamson.Markets and Hierarchies: Analysis and Antitrust Implications ［M］.New York: Free Press, 1975.

［285］ Walter P Metzger.Academic Freedom in the Age of the University ［M］. New York: Columbia University Press, 1955.

［286］ Welford W. Wilms and Richard W. Moone. Marketing Strategies for Changing Times ［M］. San Francisco: Jossey-Bass Inc., 1987.

［287］ Yang X. A Microeconomic Mechanism for Economic Growth ［J］. Journal of Political Economy, 1991, 99: 460-82.

［288］ Yang X. Specialization and Economic Organization: a New Classical Microeconomic Framework ［M］. Amsterdam: North-Holland, 1993.

［289］ Yang X. Theory of the Firm and Structure of Residual Rights ［J］. Journal of Economic Behavior and Organization, 1995 (26): 107-128.

［290］ Yang X. Economic Development and the Division of Labor ［M］. Cambridge: Blackwell, 2003.

［291］ Zhang Zhongle.Some Law Problems of Relatively Concentrating on an Administrative Penalty Power. The Papers Collection of Administration Enforcing the Law Theory Forum in Urban Management Sectors in China (Xi'an) ［C］. 2008.

附录

附录一：中华人民共和国行政处罚法

（1996年3月17日第八届全国人民代表大会第四次会议通过　根据2009年8月27日第十一届全国人民代表大会常务委员会第十次会议《关于修改部分法律的决定》第一次修正　根据2017年9月1日第十二届全国人民代表大会常务委员会第二十九次会议《关于修改〈中华人民共和国法官法〉等八部法律的决定》第二次修正　2021年1月22日第十三届全国人民代表大会常务委员会第二十五次会议修订）

第一章　总则

第一条　为了规范行政处罚的设定和实施，保障和监督行政机关有效实施行政管理，维护公共利益和社会秩序，保护公民、法人或者其他组织的合法权益，根据宪法，制定本法。

第二条　行政处罚是指行政机关依法对违反行政管理秩序的公民、法人或者其他组织，以减损权益或者增加义务的方式予以惩戒的行为。

第三条　行政处罚的设定和实施，适用本法。

第四条　公民、法人或者其他组织违反行政管理秩序的行为，应当给予行政处罚的，依照本法由法律、法规、规章规定，并由行政机关依照本法规定的程序实施。

第五条　行政处罚遵循公正、公开的原则。

设定和实施行政处罚必须以事实为依据，与违法行为的事实、性质、情节以及社会危害程度相当。

对违法行为给予行政处罚的规定必须公布；未经公布的，不得作为行政处罚的依据。

第六条　实施行政处罚，纠正违法行为，应当坚持处罚与教育相结合，教育公民、法人或者其他组织自觉守法。

第七条　公民、法人或者其他组织对行政机关所给予的行政处罚，享有陈述权、申辩权；对行政处罚不服的，有权依法申请行政复议或者提起行政诉讼。

公民、法人或者其他组织因行政机关违法给予行政处罚受到损害的，有权依法提出赔偿要求。

第八条　公民、法人或者其他组织因违法行为受到行政处罚，其违法行为对他人造成损害的，应当依法承担民事责任。

违法行为构成犯罪，应当依法追究刑事责任的，不得以行政处罚代替刑事处罚。

第二章　行政处罚的种类和设定

第九条　行政处罚的种类：

（一）警告、通报批评；

（二）罚款、没收违法所得、没收非法财物；

（三）暂扣许可证件、降低资质等级、吊销许可证件；

（四）限制开展生产经营活动、责令停产停业、责令关闭、限制从业；

（五）行政拘留；

（六）法律、行政法规规定的其他行政处罚。

第十条　法律可以设定各种行政处罚。

限制人身自由的行政处罚，只能由法律设定。

第十一条 行政法规可以设定除限制人身自由以外的行政处罚。

法律对违法行为已经作出行政处罚规定，行政法规需要作出具体规定的，必须在法律规定的给予行政处罚的行为、种类和幅度的范围内规定。

法律对违法行为未作出行政处罚规定，行政法规为实施法律，可以补充设定行政处罚。拟补充设定行政处罚的，应当通过听证会、论证会等形式广泛听取意见，并向制定机关作出书面说明。行政法规报送备案时，应当说明补充设定行政处罚的情况。

第十二条 地方性法规可以设定除限制人身自由、吊销营业执照以外的行政处罚。

法律、行政法规对违法行为已经作出行政处罚规定，地方性法规需要作出具体规定的，必须在法律、行政法规规定的给予行政处罚的行为、种类和幅度的范围内规定。

法律、行政法规对违法行为未作出行政处罚规定，地方性法规为实施法律、行政法规，可以补充设定行政处罚。拟补充设定行政处罚的，应当通过听证会、论证会等形式广泛听取意见，并向制定机关作出书面说明。地方性法规报送备案时，应当说明补充设定行政处罚的情况。

第十三条 国务院部门规章可以在法律、行政法规规定的给予行政处罚的行为、种类和幅度的范围内作出具体规定。

尚未制定法律、行政法规的，国务院部门规章对违反行政管理秩序的行为，可以设定警告、通报批评或者一定数额罚款的行政处罚。罚款的限额由国务院规定。

第十四条 地方政府规章可以在法律、法规规定的给予行政处罚的行为、种类和幅度的范围内作出具体规定。

尚未制定法律、法规的，地方政府规章对违反行政管理秩序的行为，可以设定警告、通报批评或者一定数额罚款的行政处罚。罚款的限额由省、自治区、直辖市人民代表大会常务委员会规定。

第十五条 国务院部门和省、自治区、直辖市人民政府及其有关部门应当定期组织评估行政处罚的实施情况和必要性，对不适当的行政处罚事项及种类、罚款数额等，应当提出修改或者废止的建议。

第十六条　除法律、法规、规章外，其他规范性文件不得设定行政处罚。

第三章　行政处罚的实施机关

第十七条　行政处罚由具有行政处罚权的行政机关在法定职权范围内实施
。

第十八条　国家在城市管理、市场监管、生态环境、文化市场、交通运输、应急管理、农业等领域推行建立综合行政执法制度，相对集中行政处罚权。

国务院或者省、自治区、直辖市人民政府可以决定一个行政机关行使有关行政机关的行政处罚权。

限制人身自由的行政处罚权只能由公安机关和法律规定的其他机关行使。

第十九条　法律、法规授权的具有管理公共事务职能的组织可以在法定授权范围内实施行政处罚。

第二十条　行政机关依照法律、法规、规章的规定，可以在其法定权限内书面委托符合本法第二十一条规定条件的组织实施行政处罚。行政机关不得委托其他组织或者个人实施行政处罚。

委托书应当载明委托的具体事项、权限、期限等内容。委托行政机关和受委托组织应当将委托书向社会公布。

委托行政机关对受委托组织实施行政处罚的行为应当负责监督，并对该行为的后果承担法律责任。

受委托组织在委托范围内，以委托行政机关名义实施行政处罚；不得再委托其他组织或者个人实施行政处罚。

第二十一条　受委托组织必须符合以下条件：

（一）依法成立并具有管理公共事务职能；

（二）有熟悉有关法律、法规、规章和业务并取得行政执法资格的工作人员；

（三）需要进行技术检查或者技术鉴定的，应当有条件组织进行相应的技术检查或者技术鉴定。

第四章 行政处罚的管辖和适用

第二十二条 行政处罚由违法行为发生地的行政机关管辖。法律、行政法规、部门规章另有规定的，从其规定。

第二十三条 行政处罚由县级以上地方人民政府具有行政处罚权的行政机关管辖。法律、行政法规另有规定的，从其规定。

第二十四条 省、自治区、直辖市根据当地实际情况，可以决定将基层管理迫切需要的县级人民政府部门的行政处罚权交由能够有效承接的乡镇人民政府、街道办事处行使，并定期组织评估。决定应当公布。

承接行政处罚权的乡镇人民政府、街道办事处应当加强执法能力建设，按照规定范围、依照法定程序实施行政处罚。

有关地方人民政府及其部门应当加强组织协调、业务指导、执法监督，建立健全行政处罚协调配合机制，完善评议、考核制度。

第二十五条 两个以上行政机关都有管辖权的，由最先立案的行政机关管辖。

对管辖发生争议的，应当协商解决，协商不成的，报请共同的上一级行政机关指定管辖；也可以直接由共同的上一级行政机关指定管辖。

第二十六条 行政机关因实施行政处罚的需要，可以向有关机关提出协助请求。协助事项属于被请求机关职权范围内的，应当依法予以协助。

第二十七条 违法行为涉嫌犯罪的，行政机关应当及时将案件移送司法机关，依法追究刑事责任。对依法不需要追究刑事责任或者免予刑事处罚，但应当给予行政处罚的，司法机关应当及时将案件移送有关行政机关。

行政处罚实施机关与司法机关之间应当加强协调配合，建立健全案件移送制度，加强证据材料移交、接收衔接，完善案件处理信息通报机制。

第二十八条 行政机关实施行政处罚时，应当责令当事人改正或者限期改正违法行为。

当事人有违法所得，除依法应当退赔的外，应当予以没收。违法所得是指实施违法行为所取得的款项。法律、行政法规、部门规章对违法所得的计算另有规定的,从其规定。

第二十九条 对当事人的同一个违法行为,不得给予两次以上罚款的行政处罚。同一个违法行为违反多个法律规范应当给予罚款处罚的,按照罚款数额高的规定处罚。

第三十条 不满十四周岁的未成年人有违法行为的,不予行政处罚,责令监护人加以管教;已满十四周岁不满十八周岁的未成年人有违法行为的,应当从轻或者减轻行政处罚。

第三十一条 精神病人、智力残疾人在不能辨认或者不能控制自己行为时有违法行为的,不予行政处罚,但应当责令其监护人严加看管和治疗。间歇性精神病人在精神正常时有违法行为的,应当给予行政处罚。尚未完全丧失辨认或者控制自己行为能力的精神病人、智力残疾人有违法行为的,可以从轻或者减轻行政处罚。

第三十二条 当事人有下列情形之一,应当从轻或者减轻行政处罚:

(一)主动消除或者减轻违法行为危害后果的;

(二)受他人胁迫或者诱骗实施违法行为的;

(三)主动供述行政机关尚未掌握的违法行为的;

(四)配合行政机关查处违法行为有立功表现的;

(五)法律、法规、规章规定其他应当从轻或者减轻行政处罚的。

第三十三条 违法行为轻微并及时改正,没有造成危害后果的,不予行政处罚。初次违法且危害后果轻微并及时改正的,可以不予行政处罚。

当事人有证据足以证明没有主观过错的,不予行政处罚。法律、行政法规另有规定的,从其规定。

对当事人的违法行为依法不予行政处罚的,行政机关应当对当事人进行教育。

第三十四条 行政机关可以依法制定行政处罚裁量基准,规范行使行政处罚裁量权。行政处罚裁量基准应当向社会公布。

第三十五条 违法行为构成犯罪,人民法院判处拘役或者有期徒刑时，行政机关已经给予当事人行政拘留的，应当依法折抵相应刑期。

违法行为构成犯罪，人民法院判处罚金时，行政机关已经给予当事人罚款的，应当折抵相应罚金；行政机关尚未给予当事人罚款的，不再给予罚款。

第三十六条 违法行为在二年内未被发现的，不再给予行政处罚；涉及公民生命健康安全、金融安全且有危害后果的，上述期限延长至五年。法律另有规定的除外。

前款规定的期限，从违法行为发生之日起计算；违法行为有连续或者继续状态的，从行为终了之日起计算。

第三十七条 实施行政处罚，适用违法行为发生时的法律、法规、规章的规定。但是，作出行政处罚决定时，法律、法规、规章已被修改或者废止，且新的规定处罚较轻或者不认为是违法的，适用新的规定。

第三十八条 行政处罚没有依据或者实施主体不具有行政主体资格的，行政处罚无效。

违反法定程序构成重大且明显违法的，行政处罚无效。

第五章　行政处罚的决定

第一节　一般规定

第三十九条 行政处罚的实施机关、立案依据、实施程序和救济渠道等信息应当公示。

第四十条 公民、法人或者其他组织违反行政管理秩序的行为，依法应当给予行政处罚的，行政机关必须查明事实；违法事实不清、证据不足的，不得给予行政处罚。

第四十一条 行政机关依照法律、行政法规规定利用电子技术监控设备收集、固定违法事实的，应当经过法制和技术审核，确保电子技术监控设备符合标准、设置合理、标志明显，设置地点应当向社会公布。

电子技术监控设备记录违法事实应当真实、清晰、完整、准确。行政机关应当审核记录内容是否符合要求；未经审核或者经审核不符合要求的，不得作为行政处罚的证据。

行政机关应当及时告知当事人违法事实，并采取信息化手段或者其他措施，为当事人查询、陈述和申辩提供便利。不得限制或者变相限制当事人享有的陈述权、申辩权。

第四十二条 行政处罚应当由具有行政执法资格的执法人员实施。执法人员不得少于两人，法律另有规定的除外。

执法人员应当文明执法，尊重和保护当事人合法权益。

第四十三条 执法人员与案件有直接利害关系或者有其他关系可能影响公正执法的，应当回避。

当事人认为执法人员与案件有直接利害关系或者有其他关系可能影响公正执法的，有权申请回避。

当事人提出回避申请的，行政机关应当依法审查，由行政机关负责人决定。决定作出之前，不停止调查。

第四十四条 行政机关在作出行政处罚决定之前，应当告知当事人拟作出的行政处罚内容及事实、理由、依据，并告知当事人依法享有的陈述、申辩、要求听证等权利。

第四十五条 当事人有权进行陈述和申辩。行政机关必须充分听取当事人的意见，对当事人提出的事实、理由和证据，应当进行复核；当事人提出的事实、理由或者证据成立的，行政机关应当采纳。

行政机关不得因当事人陈述、申辩而给予更重的处罚。

第四十六条 证据包括：

（一）书证；

（二）物证；

（三）视听资料；

（四）电子数据；

（五）证人证言；

（六）当事人的陈述；

（七）鉴定意见；

（八）勘验笔录、现场笔录。

证据必须经查证属实，方可作为认定案件事实的根据。

以非法手段取得的证据，不得作为认定案件事实的根据。

第四十七条 行政机关应当依法以文字、音像等形式，对行政处罚的启动、调查取证、审核、决定、送达、执行等进行全过程记录，归档保存。

第四十八条 具有一定社会影响的行政处罚决定应当依法公开。

公开的行政处罚决定被依法变更、撤销、确认违法或者确认无效的，行政机关应当在三日内撤回行政处罚决定信息并公开说明理由。

第四十九条 发生重大传染病疫情等突发事件，为了控制、减轻和消除突发事件引起的社会危害，行政机关对违反突发事件应对措施的行为，依法快速、从重处罚。

第五十条 行政机关及其工作人员对实施行政处罚过程中知悉的国家秘密、商业秘密或者个人隐私，应当依法予以保密。

第二节 简易程序

第五十一条 违法事实确凿并有法定依据，对公民处以二百元以下、对法人或者其他组织处以三千元以下罚款或者警告的行政处罚的，可以当场作出行政处罚决定。法律另有规定的，从其规定。

第五十二条 执法人员当场作出行政处罚决定的，应当向当事人出示执法证件，填写预定格式、编有号码的行政处罚决定书，并当场交付当事人。当事人拒绝签收的，应当在行政处罚决定书上注明。

前款规定的行政处罚决定书应当载明当事人的违法行为，行政处罚的种类和依据、罚款数额、时间、地点，申请行政复议、提起行政诉讼的途径和期限以及行政机关名称，并由执法人员签名或者盖章。

执法人员当场作出的行政处罚决定，应当报所属行政机关备案。

第五十三条 对当场作出的行政处罚决定，当事人应当依照本法第六十七条至第六十九条的规定履行。

第三节 普通程序

第五十四条 除本法第五十一条规定的可以当场作出的行政处罚外，行政机关发现公民、法人或者其他组织有依法应当给予行政处罚的行为的，必须全面、客观、公正地调查，收集有关证据；必要时，依照法律、法规的规定，可以进行检查。

符合立案标准的，行政机关应当及时立案。

第五十五条 执法人员在调查或者进行检查时，应当主动向当事人或者有关人员出示执法证件。当事人或者有关人员有权要求执法人员出示执法证件。执法人员不出示执法证件的，当事人或者有关人员有权拒绝接受调查或者检查。

当事人或者有关人员应当如实回答询问，并协助调查或者检查，不得拒绝或者阻挠。询问或者检查应当制作笔录。

第五十六条 行政机关在收集证据时，可以采取抽样取证的方法；在证据可能灭失或者以后难以取得的情况下，经行政机关负责人批准，可以先行登记保存，并应当在七日内及时作出处理决定，在此期间，当事人或者有关人员不得销毁或者转移证据。

第五十七条 调查终结，行政机关负责人应当对调查结果进行审查，根据不同情况，分别作出如下决定：

（一）确有应受行政处罚的违法行为的，根据情节轻重及具体情况，作出行政处罚决定；

（二）违法行为轻微，依法可以不予行政处罚的，不予行政处罚；

（三）违法事实不能成立的，不予行政处罚；

（四）违法行为涉嫌犯罪的，移送司法机关。

对情节复杂或者重大违法行为给予行政处罚，行政机关负责人应当集体讨论决定。

第五十八条 有下列情形之一，在行政机关负责人作出行政处罚的决定之前，应当由从事行政处罚决定法制审核的人员进行法制审核；未经法制审核或者审核未通过的，不得作出决定：

（一）涉及重大公共利益的；

（二）直接关系当事人或者第三人重大权益，经过听证程序的；

（三）案件情况疑难复杂、涉及多个法律关系的；

（四）法律、法规规定应当进行法制审核的其他情形。

行政机关中初次从事行政处罚决定法制审核的人员，应当通过国家统一法律职业资格考试取得法律职业资格。

第五十九条 行政机关依照本法第五十七条的规定给予行政处罚，应当制作行政处罚决定书。行政处罚决定书应当载明下列事项：

（一）当事人的姓名或者名称、地址；

（二）违反法律、法规、规章的事实和证据；

（三）行政处罚的种类和依据；

（四）行政处罚的履行方式和期限；

（五）申请行政复议、提起行政诉讼的途径和期限；

（六）作出行政处罚决定的行政机关名称和作出决定的日期。

行政处罚决定书必须盖有作出行政处罚决定的行政机关的印章。

第六十条　行政机关应当自行政处罚案件立案之日起九十日内作出行政处罚决定。法律、法规、规章另有规定的，从其规定。

第六十一条　行政处罚决定书应当在宣告后当场交付当事人；当事人不在场的，行政机关应当在七日内依照《中华人民共和国民事诉讼法》的有关规定，将行政处罚决定书送达当事人。

当事人同意并签订确认书的，行政机关可以采用传真、电子邮件等方式，将行政处罚决定书等送达当事人。

第六十二条　行政机关及其执法人员在作出行政处罚决定之前，未依照本法第四十四条、第四十五条的规定向当事人告知拟作出的行政处罚内容及事实、理由、依据，或者拒绝听取当事人的陈述、申辩，不得作出行政处罚决定；当事人明确放弃陈述或者申辩权利的除外。

第四节　听证程序

第六十三条　行政机关拟作出下列行政处罚决定，应当告知当事人有要求听证的权利，当事人要求听证的，行政机关应当组织听证：

（一）较大数额罚款；

（二）没收较大数额违法所得、没收较大价值非法财物；

（三）降低资质等级、吊销许可证件；

（四）责令停产停业、责令关闭、限制从业；

（五）其他较重的行政处罚；

（六）法律、法规、规章规定的其他情形。

当事人不承担行政机关组织听证的费用。

第六十四条　听证应当依照以下程序组织：

（一）当事人要求听证的，应当在行政机关告知后五日内提出；

（二）行政机关应当在举行听证的七日前，通知当事人及有关人员听证的时间、地点；

（三）除涉及国家秘密、商业秘密或者个人隐私依法予以保密外，听证公开举行；

（四）听证由行政机关指定的非本案调查人员主持；当事人认为主持人与本案有直接利害关系的，有权申请回避；

（五）当事人可以亲自参加听证，也可以委托一至二人代理；

（六）当事人及其代理人无正当理由拒不出席听证或者未经许可中途退出听证的，视为放弃听证权利，行政机关终止听证；

（七）举行听证时，调查人员提出当事人违法的事实、证据和行政处罚建议，当事人进行申辩和质证；

（八）听证应当制作笔录。笔录应当交当事人或者其代理人核对无误后签字或者盖章。当事人或者其代理人拒绝签字或者盖章的，由听证主持人在笔录中注明。

第六十五条　听证结束后，行政机关应当根据听证笔录，依照本法第五十七条的规定，作出决定。

第六章　行政处罚的执行

第六十六条　行政处罚决定依法作出后，当事人应当在行政处罚决定书载明的期限内，予以履行。

当事人确有经济困难，需要延期或者分期缴纳罚款的，经当事人申请和行政机关批准，可以暂缓或者分期缴纳。

第六十七条　作出罚款决定的行政机关应当与收缴罚款的机构分离。

除依照本法第六十八条、第六十九条的规定当场收缴的罚款外，作出行政处罚决定的行政机关及其执法人员不得自行收缴罚款。

当事人应当自收到行政处罚决定书之日起十五日内，到指定的银行或者通过电子支付系统缴纳罚款。银行应当收受罚款，并将罚款直接上缴国库。

第六十八条　依照本法第五十一条的规定当场作出行政处罚决定，有下列情形之一，执法人员可以当场收缴罚款：

（一）依法给予一百元以下罚款的；

（二）不当场收缴事后难以执行的。

第六十九条　在边远、水上、交通不便地区，行政机关及其执法人员依照本法第五十一条、第五十七条的规定作出罚款决定后，当事人到指定的银行或者通过电子支付系统缴纳罚款确有困难，经当事人提出，行政机关及其执法人员可以当场收缴罚款。

第七十条　行政机关及其执法人员当场收缴罚款的，必须向当事人出具国务院财政部门或者省、自治区、直辖市人民政府财政部门统一制发的专用票据；不出具财政部门统一制发的专用票据的，当事人有权拒绝缴纳罚款。

第七十一条　执法人员当场收缴的罚款，应当自收缴罚款之日起二日内，交至行政机关；在水上当场收缴的罚款，应当自抵岸之日起二日内交至行政机关；行政机关应当在二日内将罚款缴付指定的银行。

第七十二条　当事人逾期不履行行政处罚决定的，作出行政处罚决定的行政机关可以采取下列措施：

（一）到期不缴纳罚款的，每日按罚款数额的百分之三加处罚款，加处罚款的数额不得超出罚款的数额；

（二）根据法律规定，将查封、扣押的财物拍卖、依法处理或者将冻结的存款、汇款划拨抵缴罚款；

（三）根据法律规定，采取其他行政强制执行方式；

（四）依照《中华人民共和国行政强制法》的规定申请人民法院强制执行。

行政机关批准延期、分期缴纳罚款的，申请人民法院强制执行的期限，自暂缓或者分期缴纳罚款期限结束之日起计算。

第七十三条　当事人对行政处罚决定不服，申请行政复议或者提起行政诉讼的，行政处罚不停止执行，法律另有规定的除外。

当事人对限制人身自由的行政处罚决定不服，申请行政复议或者提起行政诉讼的，可以向作出决定的机关提出暂缓执行申请。符合法律规定情形的，应当暂缓执行。

当事人申请行政复议或者提起行政诉讼的，加处罚款的数额在行政复议或者行政诉讼期间不予计算。

第七十四条　除依法应当予以销毁的物品外，依法没收的非法财物必须按照国家规定公开拍卖或者按照国家有关规定处理。

罚款、没收的违法所得或者没收非法财物拍卖的款项，必须全部上缴国库，任何行政机关或者个人不得以任何形式截留、私分或者变相私分。

罚款、没收的违法所得或者没收非法财物拍卖的款项，不得同作出行政处罚决定的行政机关及其工作人员的考核、考评直接或者变相挂钩。除依法应当退还、退赔的外，财政部门不得以任何形式向作出行政处罚决定的行政机关返还罚款、没收的违法所得或者没收非法财物拍卖的款项。

第七十五条 行政机关应当建立健全对行政处罚的监督制度。县级以上人民政府应当定期组织开展行政执法评议、考核，加强对行政处罚的监督检查，规范和保障行政处罚的实施。

行政机关实施行政处罚应当接受社会监督。公民、法人或者其他组织对行政机关实施行政处罚的行为，有权申诉或者检举；行政机关应当认真审查，发现有错误的，应当主动改正。

第七章 法律责任

第七十六条 行政机关实施行政处罚，有下列情形之一，由上级行政机关或者有关机关责令改正，对直接负责的主管人员和其他直接责任人员依法给予处分：

（一）没有法定的行政处罚依据的；

（二）擅自改变行政处罚种类、幅度的；

（三）违反法定的行政处罚程序的；

（四）违反本法第二十条关于委托处罚的规定的；

（五）执法人员未取得执法证件的。

行政机关对符合立案标准的案件不及时立案的，依照前款规定予以处理。

第七十七条 行政机关对当事人进行处罚不使用罚款、没收财物单据或者使用非法定部门制发的罚款、没收财物单据的，当事人有权拒绝，并有权予以检举，由上级行政机关或者有关机关对使用的非法单据予以收缴销毁，对直接负责的主管人员和其他直接责任人员依法给予处分。

　　第七十八条　行政机关违反本法第六十七条的规定自行收缴罚款的，财政部门违反本法第七十四条的规定向行政机关返还罚款、没收的违法所得或者拍卖款项的，由上级行政机关或者有关机关责令改正，对直接负责的主管人员和其他直接责任人员依法给予处分。

　　第七十九条　行政机关截留、私分或者变相私分罚款、没收的违法所得或者财物的，由财政部门或者有关机关予以追缴，对直接负责的主管人员和其他直接责任人员依法给予处分；情节严重构成犯罪的，依法追究刑事责任。

　　执法人员利用职务上的便利，索取或者收受他人财物、将收缴罚款据为己有，构成犯罪的，依法追究刑事责任；情节轻微不构成犯罪的，依法给予处分。

　　第八十条　行政机关使用或者损毁查封、扣押的财物，对当事人造成损失的，应当依法予以赔偿，对直接负责的主管人员和其他直接责任人员依法给予处分。

　　第八十一条　行政机关违法实施检查措施或者执行措施，给公民人身或者财产造成损害、给法人或者其他组织造成损失的，应当依法予以赔偿，对直接负责的主管人员和其他直接责任人员依法给予处分；情节严重构成犯罪的，依法追究刑事责任。

　　第八十二条　行政机关对应当依法移交司法机关追究刑事责任的案件不移交，以行政处罚代替刑事处罚，由上级行政机关或者有关机关责令改正，对直接负责的主管人员和其他直接责任人员依法给予处分；情节严重构成犯罪的，依法追究刑事责任。

　　第八十三条　行政机关对应当予以制止和处罚的违法行为不予制止、处罚，致使公民、法人或者其他组织的合法权益、公共利益和社会秩序遭受损害的，对直接负责的主管人员和其他直接责任人员依法给予处分；情节严重构成犯罪的，依法追究刑事责任。

第八章　附则

　　第八十四条　外国人、无国籍人、外国组织在中华人民共和国领域内有违法行为，应当给予行政处罚的，适用本法，法律另有规定的除外。

第八十五条 本法中"二日""三日""五日""七日"的规定是指工作日，不含法定节假日。

第八十六条 本法自 2021 年 7 月 15 日起施行。

附录二：中华人民共和国行政许可法

（2003 年 8 月 27 日第十届全国人民代表大会常务委员会第四次会议通过 第十三届全国人民代表大会常务委员会第十次会议 2019 年 4 月 23 日修订）

第一章 总 则

第一条 为了规范行政许可的设定和实施，保护公民、法人和其他组织的合法权益，维护公共利益和社会秩序，保障和监督行政机关有效实施行政管理，根据宪法，制定本法。

第二条 本法所称行政许可，是指行政机关根据公民、法人或者其他组织的申请，经依法审查，准予其从事特定活动的行为。

第三条 行政许可的设定和实施，适用本法。

有关行政机关对其他机关或者对其直接管理的事业单位的人事、财务、外事等事项的审批，不适用本法。

第四条 设定和实施行政许可，应当依照法定的权限、范围、条件和程序。

第五条 设定和实施行政许可，应当遵循公开、公平、公正、非歧视的原则。有关行政许可的规定应当公布；未经公布的，不得作为实施行政许可的依据。行政许可的实施和结果，除涉及国家秘密、商业秘密或者个人隐私的外，应当公开。未经申请人同意，行政机关及其工作人员、参与专家评审等的人员不得披露申请人提交的商业秘密、未披露信息或者保密商务信息，法律另有规定或者涉及国家安全、重大社会公共利益的除外；行政机关依法公开申请人前述信息的，允许申请人在合理期限内提出异议。

符合法定条件、标准的，申请人有依法取得行政许可的平等权利，行政机关不得歧视任何人。

第六条　实施行政许可，应当遵循便民的原则，提高办事效率，提供优质服务。

第七条　公民、法人或者其他组织对行政机关实施行政许可，享有陈述权、申辩权；有权依法申请行政复议或者提起行政诉讼；其合法权益因行政机关违法实施行政许可受到损害的，有权依法要求赔偿。

第八条　公民、法人或者其他组织依法取得的行政许可受法律保护，行政机关不得擅自改变已经生效的行政许可。

行政许可所依据的法律、法规、规章修改或者废止，或者准予行政许可所依据的客观情况发生重大变化的，为了公共利益的需要，行政机关可以依法变更或者撤回已经生效的行政许可。由此给公民、法人或者其他组织造成财产损失的，行政机关应当依法给予补偿。

第九条　依法取得的行政许可，除法律、法规规定依照法定条件和程序可以转让的外，不得转让。

第十条　县级以上人民政府应当建立健全对行政机关实施行政许可的监督制度，加强对行政机关实施行政许可的监督检查。

行政机关应当对公民、法人或者其他组织从事行政许可事项的活动实施有效监督。

第二章　行政许可的设定

第十一条　设定行政许可，应当遵循经济和社会发展规律，有利于发挥公民、法人或者其他组织的积极性、主动性，维护公共利益和社会秩序，促进经济、社会和生态环境协调发展。

第十二条　下列事项可以设定行政许可：

（一）直接涉及国家安全、公共安全、经济宏观调控、生态环境保护以及直接关系人身健康、生命财产安全等特定活动，需要按照法定条件予以批准的事项；

（二）有限自然资源开发利用、公共资源配置以及直接关系公共利益的特定行业的市场准入等，需要赋予特定权利的事项；

（三）提供公众服务并且直接关系公共利益的职业、行业，需要确定具备特殊信誉、特殊条件或者特殊技能等资格、资质的事项；

（四）直接关系公共安全、人身健康、生命财产安全的重要设备、设施、产品、物品，需要按照技术标准、技术规范，通过检验、检测、检疫等方式进行审定的事项；

（五）企业或者其他组织的设立等，需要确定主体资格的事项；

（六）法律、行政法规规定可以设定行政许可的其他事项。

第十三条 本法第十二条所列事项，通过下列方式能够予以规范的，可以不设行政许可：

（一）公民、法人或者其他组织能够自主决定的；

（二）市场竞争机制能够有效调节的；

（三）行业组织或者中介机构能够自律管理的；

（四）行政机关采用事后监督等其他行政管理方式能够解决的。

第十四条 本法第十二条所列事项，法律可以设定行政许可。尚未制定法律的，行政法规可以设定行政许可。

必要时，国务院可以采用发布决定的方式设定行政许可。实施后，除临时性行政许可事项外，国务院应当及时提请全国人民代表大会及其常务委员会制定法律，或者自行制定行政法规。

第十五条 本法第十二条所列事项，尚未制定法律、行政法规的，地方性法规可以设定行政许可；尚未制定法律、行政法规和地方性法规的，因行政管理的需要，确需立即实施行政许可的，省、自治区、直辖市人民政府规章可以设定临时性的行政许可。临时性的行政许可实施满一年需要继续实施的，应当提请本级人民代表大会及其常务委员会制定地方性法规。

地方性法规和省、自治区、直辖市人民政府规章，不得设定应当由国家统一确定的公民、法人或者其他组织的资格、资质的行政许可；不得设定企业或者其他组织的设立登记及其前置性行政许可。其设定的行政许可，不得限制其他地区的个人或者企业到本地区从事生产经营和提供服务，不得限制其他地区的商品进入本地区市场。

第十六条 行政法规可以在法律设定的行政许可事项范围内，对实施该行政许可作出具体规定。

地方性法规可以在法律、行政法规设定的行政许可事项范围内，对实施该行政许可作出具体规定。

规章可以在上位法设定的行政许可事项范围内，对实施该行政许可作出具体规定。

法规、规章对实施上位法设定的行政许可作出的具体规定，不得增设行政许可；对行政许可条件作出的具体规定，不得增设违反上位法的其他条件。

第十七条 除本法第十四条、第十五条规定的外，其他规范性文件一律不得设定行政许可。

第十八条 设定行政许可，应当规定行政许可的实施机关、条件、程序、期限。

第十九条 起草法律草案、法规草案和省、自治区、直辖市人民政府规章草案，拟设定行政许可的，起草单位应当采取听证会、论证会等形式听取意见，并向制定机关说明设定该行政许可的必要性、对经济和社会可能产生的影响以及听取和采纳意见的情况。

第二十条 行政许可的设定机关应当定期对其设定的行政许可进行评价；对已设定的行政许可，认为通过本法第十三条所列方式能够解决的，应当对设定该行政许可的规定及时予以修改或者废止。

行政许可的实施机关可以对已设定的行政许可的实施情况及存在的必要性适时进行评价，并将意见报告该行政许可的设定机关。

公民、法人或者其他组织可以向行政许可的设定机关和实施机关就行政许可的设定和实施提出意见和建议。

第二十一条 省、自治区、直辖市人民政府对行政法规设定的有关经济事务的行政许可，根据本行政区域经济和社会发展情况，认为通过本法第十三条所列方式能够解决的，报国务院批准后，可以在本行政区域内停止实施该行政许可。

第三章 行政许可的实施机关

第二十二条 行政许可由具有行政许可权的行政机关在其法定职权范围内实施。

第二十三条 法律、法规授权的具有管理公共事务职能的组织，在法定授权范围内，以自己的名义实施行政许可。被授权的组织适用本法有关行政机关的规定。

第二十四条 行政机关在其法定职权范围内，依照法律、法规、规章的规定，可以委托其他行政机关实施行政许可。委托机关应当将受委托行政机关和受委托实施行政许可的内容予以公告。

委托行政机关对受委托行政机关实施行政许可的行为应当负责监督，并对该行为的后果承担法律责任。

受委托行政机关在委托范围内，以委托行政机关名义实施行政许可；不得再委托其他组织或者个人实施行政许可。

第二十五条 经国务院批准，省、自治区、直辖市人民政府根据精简、统一、效能的原则，可以决定一个行政机关行使有关行政机关的行政许可权。

第二十六条 行政许可需要行政机关内设的多个机构办理的，该行政机关应当确定一个机构统一受理行政许可申请，统一送达行政许可决定。

行政许可依法由地方人民政府两个以上部门分别实施的，本级人民政府可以确定一个部门受理行政许可申请并转告有关部门分别提出意见后统一办理，或者组织有关部门联合办理、集中办理。

第二十七条 行政机关实施行政许可，不得向申请人提出购买指定商品、接受有偿服务等不正当要求。

行政机关工作人员办理行政许可，不得索取或者收受申请人的财物，不得谋取其他利益。

第二十八条 对直接关系公共安全、人身健康、生命财产安全的设备、设施、产品、物品的检验、检测、检疫，除法律、行政法规规定由行政机关实施的外，应当逐步由符合法定条件的专业技术组织实施。专业技术组织及其有关人员对所实施的检验、检测、检疫结论承担法律责任。

第四章 行政许可的实施程序

第一节 申请与受理

第二十九条 公民、法人或者其他组织从事特定活动，依法需要取得行政许可的，应当向行政机关提出申请。申请书需要采用格式文本的，行政机关应当向申请人提供行政许可申请书格式文本。申请书格式文本中不得包含与申请行政许可事项没有直接关系的内容。

申请人可以委托代理人提出行政许可申请。但是，依法应当由申请人到行政机关办公场所提出行政许可申请的除外。

行政许可申请可以通过信函、电报、电传、传真、电子数据交换和电子邮件等方式提出。

第三十条　行政机关应当将法律、法规、规章规定的有关行政许可的事项、依据、条件、数量、程序、期限以及需要提交的全部材料的目录和申请书示范文本等在办公场所公示。

申请人要求行政机关对公示内容予以说明、解释的，行政机关应当说明、解释，提供准确、可靠的信息。

第三十一条　申请人申请行政许可，应当如实向行政机关提交有关材料和反映真实情况，并对其申请材料实质内容的真实性负责。行政机关不得要求申请人提交与其申请的行政许可事项无关的技术资料和其他材料。

行政机关及其工作人员不得以转让技术作为取得行政许可的条件；不得在实施行政许可的过程中，直接或者间接地要求转让技术。

第三十二条　行政机关对申请人提出的行政许可申请，应当根据下列情况分别作出处理：

（一）申请事项依法不需要取得行政许可的，应当即时告知申请人不受理；

（二）申请事项依法不属于本行政机关职权范围的，应当即时作出不予受理的决定，并告知申请人向有关行政机关申请；

（三）申请材料存在可以当场更正的错误的，应当允许申请人当场更正；

（四）申请材料不齐全或者不符合法定形式的，应当当场或者在五日内一次告知申请人需要补正的全部内容，逾期不告知的，自收到申请材料之日起即为受理；

（五）申请事项属于本行政机关职权范围，申请材料齐全、符合法定形式，或者申请人按照本行政机关的要求提交全部补正申请材料的，应当受理行政许可申请。

行政机关受理或者不予受理行政许可申请，应当出具加盖本行政机关专用印章和注明日期的书面凭证。

第三十三条 行政机关应当建立和完善有关制度，推行电子政务，在行政机关的网站上公布行政许可事项，方便申请人采取数据电文等方式提出行政许可申请；应当与其他行政机关共享有关行政许可信息，提高办事效率。

第二节 审查与决定

第三十四条 行政机关应当对申请人提交的申请材料进行审查。

申请人提交的申请材料齐全、符合法定形式，行政机关能够当场作出决定的，应当当场作出书面的行政许可决定。

根据法定条件和程序，需要对申请材料的实质内容进行核实的，行政机关应当指派两名以上工作人员进行核查。

第三十五条 依法应当先经下级行政机关审查后报上级行政机关决定的行政许可，下级行政机关应当在法定期限内将初步审查意见和全部申请材料直接报送上级行政机关。上级行政机关不得要求申请人重复提供申请材料。

第三十六条 行政机关对行政许可申请进行审查时，发现行政许可事项直接关系他人重大利益的，应当告知该利害关系人。申请人、利害关系人有权进行陈述和申辩。行政机关应当听取申请人、利害关系人的意见。

第三十七条 行政机关对行政许可申请进行审查后，除当场作出行政许可决定的外，应当在法定期限内按照规定程序作出行政许可决定。

第三十八条 申请人的申请符合法定条件、标准的，行政机关应当依法作出准予行政许可的书面决定。

行政机关依法作出不予行政许可的书面决定的，应当说明理由，并告知申请人享有依法申请行政复议或者提起行政诉讼的权利。

第三十九条 行政机关作出准予行政许可的决定，需要颁发行政许可证件的，应当向申请人颁发加盖本行政机关印章的下列行政许可证件：

（一）许可证、执照或者其他许可证书；

（二）资格证、资质证或者其他合格证书；

（三）行政机关的批准文件或者证明文件；

（四）法律、法规规定的其他行政许可证件。

行政机关实施检验、检测、检疫的，可以在检验、检测、检疫合格的设备、设施、产品、物品上加贴标签或者加盖检验、检测、检疫印章。

第四十条 行政机关作出的准予行政许可决定，应当予以公开，公众有权查阅。

第四十一条 法律、行政法规设定的行政许可，其适用范围没有地域限制的，申请人取得的行政许可在全国范围内有效。

第三节 期 限

第四十二条 除可以当场作出行政许可决定的外，行政机关应当自受理行政许可申请之日起二十日内作出行政许可决定。二十日内不能作出决定的，经本行政机关负责人批准，可以延长十日，并应当将延长期限的理由告知申请人。但是，法律、法规另有规定的，依照其规定。

依照本法第二十六条的规定，行政许可采取统一办理或者联合办理、集中办理的，办理的时间不得超过四十五日；四十五日内不能办结的，经本级人民政府负责人批准，可以延长十五日，并应当将延长期限的理由告知申请人。

第四十三条 依法应当先经下级行政机关审查后报上级行政机关决定的行政许可，下级行政机关应当自其受理行政许可申请之日起二十日内审查完毕。但是，法律、法规另有规定的，依照其规定。

第四十四条 行政机关作出准予行政许可的决定，应当自作出决定之日起十日内向申请人颁发、送达行政许可证件，或者加贴标签、加盖检验、检测、检疫印章。

第四十五条 行政机关作出行政许可决定，依法需要听证、招标、拍卖、检验、检测、检疫、鉴定和专家评审的，所需时间不计算在本节规定的期限内。行政机关应当将所需时间书面告知申请人。

第四节 听 证

第四十六条 法律、法规、规章规定实施行政许可应当听证的事项，或者行政机关认为需要听证的其他涉及公共利益的重大行政许可事项，行政机关应当向社会公告，并举行听证。

第四十七条 行政许可直接涉及申请人与他人之间重大利益关系的，行政机关在作出行政许可决定前，应当告知申请人、利害关系人享有要求听证的权利；申请人、利害关系人在被告知听证权利之日起五日内提出听证申请的，行政机关应当在二十日内组织听证。

申请人、利害关系人不承担行政机关组织听证的费用。

第四十八条 听证按照下列程序进行：

（一）行政机关应当于举行听证的七日前将举行听证的时间、地点通知申请人、利害关系人，必要时予以公告；

（二）听证应当公开举行；

（三）行政机关应当指定审查该行政许可申请的工作人员以外的人员为听证主持人，申请人、利害关系人认为主持人与该行政许可事项有直接利害关系的，有权申请回避；

（四）举行听证时，审查该行政许可申请的工作人员应当提供审查意见的证据、理由，申请人、利害关系人可以提出证据，并进行申辩和质证；

（五）听证应当制作笔录，听证笔录应当交听证参加人确认无误后签字或者盖章。

行政机关应当根据听证笔录，作出行政许可决定。

第五节 变更与延续

第四十九条 被许可人要求变更行政许可事项的，应当向作出行政许可决定的行政机关提出申请；符合法定条件、标准的，行政机关应当依法办理变更手续。

第五十条 被许可人需要延续依法取得的行政许可的有效期的，应当在该行政许可有效期届满三十日前向作出行政许可决定的行政机关提出申请。但是，法律、法规、规章另有规定的，依照其规定。

行政机关应当根据被许可人的申请，在该行政许可有效期届满前作出是否准予延续的决定；逾期未作决定的，视为准予延续。

第六节　特别规定

第五十一条　实施行政许可的程序，本节有规定的，适用本节规定；本节没有规定的，适用本章其他有关规定。

第五十二条　国务院实施行政许可的程序，适用有关法律、行政法规的规定。

第五十三条　实施本法第十二条第二项所列事项的行政许可的，行政机关应当通过招标、拍卖等公平竞争的方式作出决定。但是，法律、行政法规另有规定的，依照其规定。

行政机关通过招标、拍卖等方式作出行政许可决定的具体程序，依照有关法律、行政法规的规定。

行政机关按照招标、拍卖程序确定中标人、买受人后，应当作出准予行政许可的决定，并依法向中标人、买受人颁发行政许可证件。

行政机关违反本条规定，不采用招标、拍卖方式，或者违反招标、拍卖程序，损害申请人合法权益的，申请人可以依法申请行政复议或者提起行政诉讼。

第五十四条　实施本法第十二条第三项所列事项的行政许可，赋予公民特定资格，依法应当举行国家考试的，行政机关根据考试成绩和其他法定条件作出行政许可决定；赋予法人或者其他组织特定的资格、资质的，行政机关根据申请人的专业人员构成、技术条件、经营业绩和管理水平等的考核结果作出行政许可决定。但是，法律、行政法规另有规定的，依照其规定。

公民特定资格的考试依法由行政机关或者行业组织实施，公开举行。行政机关或者行业组织应当事先公布资格考试的报名条件、报考办法、考试科目以及考试大纲。但是，不得组织强制性的资格考试的考前培训，不得指定教材或者其他助考材料。

第五十五条　实施本法第十二条第四项所列事项的行政许可的，应当按照技术标准、技术规范依法进行检验、检测、检疫，行政机关根据检验、检测、检疫的结果作出行政许可决定。

行政机关实施检验、检测、检疫，应当自受理申请之日起五日内指派两名以上工作人员按照技术标准、技术规范进行检验、检测、检疫。不需要对检验、检测、检疫结果作进一步技术分析即可认定设备、设施、产品、物品是否符合技术标准、技术规范的，行政机关应当当场作出行政许可决定。

行政机关根据检验、检测、检疫结果，作出不予行政许可决定的，应当书面说明不予行政许可所依据的技术标准、技术规范。

第五十六条　实施本法第十二条第五项所列事项的行政许可，申请人提交的申请材料齐全、符合法定形式的，行政机关应当当场予以登记。需要对申请材料的实质内容进行核实的，行政机关依照本法第三十四条第三款的规定办理。

第五十七条　有数量限制的行政许可，两个或者两个以上申请人的申请均符合法定条件、标准的，行政机关应当根据受理行政许可申请的先后顺序作出准予行政许可的决定。但是，法律、行政法规另有规定的，依照其规定。

第五章　行政许可的费用

第五十八条　行政机关实施行政许可和对行政许可事项进行监督检查，不得收取任何费用。但是，法律、行政法规另有规定的，依照其规定。

行政机关提供行政许可申请书格式文本，不得收费。

行政机关实施行政许可所需经费应当列入本行政机关的预算，由本级财政予以保障，按照批准的预算予以核拨。

第五十九条　行政机关实施行政许可，依照法律、行政法规收取费用的，应当按照公布的法定项目和标准收费；所收取的费用必须全部上缴国库，任何机关或者个人不得以任何形式截留、挪用、私分或者变相私分。财政部门不得以任何形式向行政机关返还或者变相返还实施行政许可所收取的费用。

第六章　监督检查

第六十条　上级行政机关应当加强对下级行政机关实施行政许可的监督检查，及时纠正行政许可实施中的违法行为。

第六十一条　行政机关应当建立健全监督制度，通过核查反映被许可人从事行政许可事项活动情况的有关材料，履行监督责任。

行政机关依法对被许可人从事行政许可事项的活动进行监督检查时，应当将监督检查的情况和处理结果予以记录，由监督检查人员签字后归档。公众有权查阅行政机关监督检查记录。

行政机关应当创造条件，实现与被许可人、其他有关行政机关的计算机档案系统互联，核查被许可人从事行政许可事项活动情况。

第六十二条 行政机关可以对被许可人生产经营的产品依法进行抽样检查、检验、检测，对其生产经营场所依法进行实地检查。检查时，行政机关可以依法查阅或者要求被许可人报送有关材料；被许可人应当如实提供有关情况和材料。

行政机关根据法律、行政法规的规定，对直接关系公共安全、人身健康、生命财产安全的重要设备、设施进行定期检验。对检验合格的，行政机关应当发给相应的证明文件。

第六十三条 行政机关实施监督检查，不得妨碍被许可人正常的生产经营活动，不得索取或者收受被许可人的财物，不得谋取其他利益。

第六十四条 被许可人在作出行政许可决定的行政机关管辖区域外违法从事行政许可事项活动的，违法行为发生地的行政机关应当依法将被许可人的违法事实、处理结果抄告作出行政许可决定的行政机关。

第六十五条 个人和组织发现违法从事行政许可事项的活动，有权向行政机关举报，行政机关应当及时核实、处理。

第六十六条 被许可人未依法履行开发利用自然资源义务或者未依法履行利用公共资源义务的，行政机关应当责令限期改正；被许可人在规定期限内不改正的，行政机关应当依照有关法律、行政法规的规定予以处理。

第六十七条 取得直接关系公共利益的特定行业的市场准入行政许可的被许可人，应当按照国家规定的服务标准、资费标准和行政机关依法规定的条件，向用户提供安全、方便、稳定和价格合理的服务，并履行普遍服务的义务；未经作出行政许可决定的行政机关批准，不得擅自停业、歇业。

被许可人不履行前款规定的义务的，行政机关应当责令限期改正，或者依法采取有效措施督促其履行义务。

第六十八条　对直接关系公共安全、人身健康、生命财产安全的重要设备、设施，行政机关应当督促设计、建造、安装和使用单位建立相应的自检制度。

行政机关在监督检查时，发现直接关系公共安全、人身健康、生命财产安全的重要设备、设施存在安全隐患的，应当责令停止建造、安装和使用，并责令设计、建造、安装和使用单位立即改正。

第六十九条　有下列情形之一的，作出行政许可决定的行政机关或者其上级行政机关，根据利害关系人的请求或者依据职权，可以撤销行政许可：

（一）行政机关工作人员滥用职权、玩忽职守作出准予行政许可决定的；

（二）超越法定职权作出准予行政许可决定的；

（三）违反法定程序作出准予行政许可决定的；

（四）对不具备申请资格或者不符合法定条件的申请人准予行政许可的；

（五）依法可以撤销行政许可的其他情形。

被许可人以欺骗、贿赂等不正当手段取得行政许可的，应当予以撤销。

依照前两款的规定撤销行政许可，可能对公共利益造成重大损害的，不予撤销。

依照本条第一款的规定撤销行政许可，被许可人的合法权益受到损害的，行政机关应当依法给予赔偿。依照本条第二款的规定撤销行政许可的，被许可人基于行政许可取得的利益不受保护。

第七十条　有下列情形之一的，行政机关应当依法办理有关行政许可的注销手续：

（一）行政许可有效期届满未延续的；

（二）赋予公民特定资格的行政许可，该公民死亡或者丧失行为能力的；

（三）法人或者其他组织依法终止的；

（四）行政许可依法被撤销、撤回，或者行政许可证件依法被吊销的；

（五）因不可抗力导致行政许可事项无法实施的；

（六）法律、法规规定的应当注销行政许可的其他情形。

第七章　法律责任

第七十一条　违反本法第十七条规定设定的行政许可，有关机关应当责令设定该行政许可的机关改正，或者依法予以撤销。

第七十二条　行政机关及其工作人员违反本法的规定，有下列情形之一的，由其上级行政机关或者监察机关责令改正；情节严重的，对直接负责的主管人员和其他直接责任人员依法给予行政处分：

（一）对符合法定条件的行政许可申请不予受理的；

（二）不在办公场所公示依法应当公示的材料的；

（三）在受理、审查、决定行政许可过程中，未向申请人、利害关系人履行法定告知义务的；

（四）申请人提交的申请材料不齐全、不符合法定形式，不一次告知申请人必须补正的全部内容的；

（五）违法披露申请人提交的商业秘密、未披露信息或者保密商务信息的；

（六）以转让技术作为取得行政许可的条件，或者在实施行政许可的过程中直接或者间接地要求转让技术的；

（七）未依法说明不受理行政许可申请或者不予行政许可的理由的；

（八）依法应当举行听证而不举行听证的。

第七十三条　行政机关工作人员办理行政许可、实施监督检查，索取或者收受他人财物或者谋取其他利益，构成犯罪的，依法追究刑事责任；尚不构成犯罪的，依法给予行政处分。

第七十四条　行政机关实施行政许可，有下列情形之一的，由其上级行政机关或者监察机关责令改正，对直接负责的主管人员和其他直接责任人员依法给予行政处分；构成犯罪的，依法追究刑事责任：

（一）对不符合法定条件的申请人准予行政许可或者超越法定职权作出准予行政许可决定的；

（二）对符合法定条件的申请人不予行政许可或者不在法定期限内作出准予行政许可决定的；

（三）依法应当根据招标、拍卖结果或者考试成绩择优作出准予行政许可决定，未经招标、拍卖或者考试，或者不根据招标、拍卖结果或者考试成绩择优作出准予行政许可决定的。

第七十五条 行政机关实施行政许可，擅自收费或者不按照法定项目和标准收费的，由其上级行政机关或者监察机关责令退还非法收取的费用；对直接负责的主管人员和其他直接责任人员依法给予行政处分。

截留、挪用、私分或者变相私分实施行政许可依法收取的费用的，予以追缴；对直接负责的主管人员和其他直接责任人员依法给予行政处分；构成犯罪的，依法追究刑事责任。

第七十六条 行政机关违法实施行政许可，给当事人的合法权益造成损害的，应当依照国家赔偿法的规定给予赔偿。

第七十七条 行政机关不依法履行监督职责或者监督不力，造成严重后果的，由其上级行政机关或者监察机关责令改正，对直接负责的主管人员和其他直接责任人员依法给予行政处分；构成犯罪的，依法追究刑事责任。

第七十八条 行政许可申请人隐瞒有关情况或者提供虚假材料申请行政许可的，行政机关不予受理或者不予行政许可，并给予警告；行政许可申请属于直接关系公共安全、人身健康、生命财产安全事项的，申请人在一年内不得再次申请该行政许可。

第七十九条 被许可人以欺骗、贿赂等不正当手段取得行政许可的，行政机关应当依法给予行政处罚；取得的行政许可属于直接关系公共安全、人身健康、生命财产安全事项的，申请人在三年内不得再次申请该行政许可；构成犯罪的，依法追究刑事责任。

第八十条 被许可人有下列行为之一的，行政机关应当依法给予行政处罚；构成犯罪的，依法追究刑事责任：

（一）涂改、倒卖、出租、出借行政许可证件，或者以其他形式非法转让行政许可的；

（二）超越行政许可范围进行活动的；

（三）向负责监督检查的行政机关隐瞒有关情况、提供虚假材料或者拒绝提供反映其活动情况的真实材料的；

（四）法律、法规、规章规定的其他违法行为。

第八十一条 公民、法人或者其他组织未经行政许可，擅自从事依法应当取得行政许可的活动的，行政机关应当依法采取措施予以制止，并依法给予行政处罚；构成犯罪的，依法追究刑事责任。

第八章 附 则

第八十二条 本法规定的行政机关实施行政许可的期限以工作日计算，不含法定节假日。

第八十三条 本法自 2004 年 7 月 1 日起施行。

本法施行前有关行政许可的规定，制定机关应当依照本法规定予以清理；不符合本法规定的，自本法施行之日起停止执行。

附录三：中华人民共和国行政强制法

（2011 年 6 月 30 日第十一届全国人民代表大会常务委员会第二十一次会议通过）

第一章 总 则

第一条 为了规范行政强制的设定和实施，保障和监督行政机关依法履行职责，维护公共利益和社会秩序，保护公民、法人和其他组织的合法权益，根据宪法，制定本法。

第二条 本法所称行政强制，包括行政强制措施和行政强制执行。

行政强制措施，是指行政机关在行政管理过程中，为制止违法行为、防止证据损毁、避免危害发生、控制危险扩大等情形，依法对公民的人身自由实施暂时性限制，或者对公民、法人或者其他组织的财物实施暂时性控制的行为。

行政强制执行，是指行政机关或者行政机关申请人民法院，对不履行行政决定的公民、法人或者其他组织，依法强制履行义务的行为。

第三条 行政强制的设定和实施，适用本法。

发生或者即将发生自然灾害、事故灾难、公共卫生事件或者社会安全事件等突发事件，行政机关采取应急措施或者临时措施，依照有关法律、行政法规的规定执行。

行政机关采取金融业审慎监管措施、进出境货物强制性技术监控措施，依照有关法律、行政法规的规定执行。

第四条 行政强制的设定和实施，应当依照法定的权限、范围、条件和程序。

第五条 行政强制的设定和实施，应当适当。采用非强制手段可以达到行政管理目的的，不得设定和实施行政强制。

第六条 实施行政强制，应当坚持教育与强制相结合。

第七条 行政机关及其工作人员不得利用行政强制权为单位或者个人谋取利益。

第八条 公民、法人或者其他组织对行政机关实施行政强制，享有陈述权、申辩权；有权依法申请行政复议或者提起行政诉讼；因行政机关违法实施行政强制受到损害的，有权依法要求赔偿。

公民、法人或者其他组织因人民法院在强制执行中有违法行为或者扩大强制执行范围受到损害的，有权依法要求赔偿。

第二章　行政强制的种类和设定

第九条 行政强制措施的种类：

（一）限制公民人身自由；

（二）查封场所、设施或者财物；

（三）扣押财物；

（四）冻结存款、汇款；

（五）其他行政强制措施。

第十条 行政强制措施由法律设定。

尚未制定法律，且属于国务院行政管理职权事项的，行政法规可以设定除本法第九条第一项、第四项和应当由法律规定的行政强制措施以外的其他行政强制措施。

尚未制定法律、行政法规，且属于地方性事务的，地方性法规可以设定本法第九条第二项、第三项的行政强制措施。

法律、法规以外的其他规范性文件不得设定行政强制措施。

第十一条 法律对行政强制措施的对象、条件、种类作了规定的，行政法规、地方性法规不得作出扩大规定。

法律中未设定行政强制措施的，行政法规、地方性法规不得设定行政强制措施。但是，法律规定特定事项由行政法规规定具体管理措施的，行政法规可以设定除本法第九条第一项、第四项和应当由法律规定的行政强制措施以外的其他行政强制措施。

第十二条 行政强制执行的方式：

（一）加处罚款或者滞纳金；

（二）划拨存款、汇款；

（三）拍卖或者依法处理查封、扣押的场所、设施或者财物；

（四）排除妨碍、恢复原状；

（五）代履行；

（六）其他强制执行方式。

第十三条 行政强制执行由法律设定。

法律没有规定行政机关强制执行的，作出行政决定的行政机关应当申请人民法院强制执行。

第十四条 起草法律草案、法规草案，拟设定行政强制的，起草单位应当采取听证会、论证会等形式听取意见，并向制定机关说明设定该行政强制的必要性、可能产生的影响以及听取和采纳意见的情况。

第十五条 行政强制的设定机关应当定期对其设定的行政强制进行评价，并对不适当的行政强制及时予以修改或者废止。

行政强制的实施机关可以对已设定的行政强制的实施情况及存在的必要性适时进行评价，并将意见报告该行政强制的设定机关。

公民、法人或者其他组织可以向行政强制的设定机关和实施机关就行政强制的设定和实施提出意见和建议。有关机关应当认真研究论证，并以适当方式予以反馈。

第三章 行政强制措施实施程序

第一节 一般规定

第十六条 行政机关履行行政管理职责，依照法律、法规的规定，实施行政强制措施。

违法行为情节显著轻微或者没有明显社会危害的，可以不采取行政强制措施。

第十七条 行政强制措施由法律、法规规定的行政机关在法定职权范围内实施。行政强制措施权不得委托。

依据《中华人民共和国行政处罚法》的规定行使相对集中行政处罚权的行政机关，可以实施法律、法规规定的与行政处罚权有关的行政强制措施。

行政强制措施应当由行政机关具备资格的行政执法人员实施，其他人员不得实施。

第十八条 行政机关实施行政强制措施应当遵守下列规定：

（一）实施前须向行政机关负责人报告并经批准；

（二）由两名以上行政执法人员实施；

（三）出示执法身份证件；

（四）通知当事人到场；

（五）当场告知当事人采取行政强制措施的理由、依据以及当事人依法享有的权利、救济途径；

（六）听取当事人的陈述和申辩；

（七）制作现场笔录；

（八）现场笔录由当事人和行政执法人员签名或者盖章，当事人拒绝的，在笔录中予以注明；

（九）当事人不到场的，邀请见证人到场，由见证人和行政执法人员在现场笔录上签名或者盖章；

（十）法律、法规规定的其他程序。

第十九条 情况紧急，需要当场实施行政强制措施的，行政执法人员应当在二十四小时内向行政机关负责人报告，并补办批准手续。行政机关负责人认为不应当采取行政强制措施的，应当立即解除。

第二十条 依照法律规定实施限制公民人身自由的行政强制措施，除应当履行本法第十八条规定的程序外，还应当遵守下列规定：

（一）当场告知或者实施行政强制措施后立即通知当事人家属实施行政强制措施的行政机关、地点和期限；

（二）在紧急情况下当场实施行政强制措施的，在返回行政机关后，立即向行政机关负责人报告并补办批准手续；

（三）法律规定的其他程序。

实施限制人身自由的行政强制措施不得超过法定期限。实施行政强制措施的目的已经达到或者条件已经消失，应当立即解除。

第二十一条 违法行为涉嫌犯罪应当移送司法机关的，行政机关应当将查封、扣押、冻结的财物一并移送，并书面告知当事人。

第二节 查封、扣押

第二十二条 查封、扣押应当由法律、法规规定的行政机关实施，其他任何行政机关或者组织不得实施。

第二十三条 查封、扣押限于涉案的场所、设施或者财物，不得查封、扣押与违法行为无关的场所、设施或者财物；不得查封、扣押公民个人及其所扶养家属的生活必需品。

当事人的场所、设施或者财物已被其他国家机关依法查封的，不得重复查封。

第二十四条 行政机关决定实施查封、扣押的，应当履行本法第十八条规定的程序，制作并当场交付查封、扣押决定书和清单。

查封、扣押决定书应当载明下列事项：

（一）当事人的姓名或者名称、地址；

（二）查封、扣押的理由、依据和期限；

（三）查封、扣押场所、设施或者财物的名称、数量等；

（四）申请行政复议或者提起行政诉讼的途径和期限；

（五）行政机关的名称、印章和日期。

查封、扣押清单一式二份，由当事人和行政机关分别保存。

第二十五条 查封、扣押的期限不得超过三十日；情况复杂的，经行政机关负责人批准，可以延长，但是延长期限不得超过三十日。法律、行政法规另有规定的除外。

延长查封、扣押的决定应当及时书面告知当事人，并说明理由。

对物品需要进行检测、检验、检疫或者技术鉴定的，查封、扣押的期间不包括检测、检验、检疫或者技术鉴定的期间。检测、检验、检疫或者技术鉴定的期间应当明确，并书面告知当事人。检测、检验、检疫或者技术鉴定的费用由行政机关承担。

第二十六条 对查封、扣押的场所、设施或者财物，行政机关应当妥善保管，不得使用或者损毁；造成损失的，应当承担赔偿责任。

对查封的场所、设施或者财物，行政机关可以委托第三人保管，第三人不得损毁或者擅自转移、处置。因第三人的原因造成的损失，行政机关先行赔付后，有权向第三人追偿。

因查封、扣押发生的保管费用由行政机关承担。

第二十七条 行政机关采取查封、扣押措施后，应当及时查清事实，在本法第二十五条规定的期限内作出处理决定。对违法事实清楚，依法应当没收的非法财物予以没收；法律、行政法规规定应当销毁的，依法销毁；应当解除查封、扣押的，作出解除查封、扣押的决定。

第二十八条 有下列情形之一的，行政机关应当及时作出解除查封、扣押决定：

（一）当事人没有违法行为；

（二）查封、扣押的场所、设施或者财物与违法行为无关；

（三）行政机关对违法行为已经作出处理决定，不再需要查封、扣押；

（四）查封、扣押期限已经届满；

（五）其他不再需要采取查封、扣押措施的情形。

解除查封、扣押应当立即退还财物；已将鲜活物品或者其他不易保管的财物拍卖或者变卖的，退还拍卖或者变卖所得款项。变卖价格明显低于市场价格，给当事人造成损失的，应当给予补偿。

第三节 冻 结

第二十九条 冻结存款、汇款应当由法律规定的行政机关实施，不得委托给其他行政机关或者组织；其他任何行政机关或者组织不得冻结存款、汇款。

冻结存款、汇款的数额应当与违法行为涉及的金额相当；已被其他国家机关依法冻结的，不得重复冻结。

第三十条 行政机关依照法律规定决定实施冻结存款、汇款的，应当履行本法第十八条第一项、第二项、第三项、第七项规定的程序，并向金融机构交付冻结通知书。

金融机构接到行政机关依法作出的冻结通知书后，应当立即予以冻结，不得拖延，不得在冻结前向当事人泄露信息。

法律规定以外的行政机关或者组织要求冻结当事人存款、汇款的，金融机构应当拒绝。

第三十一条　依照法律规定冻结存款、汇款的，作出决定的行政机关应当在三日内向当事人交付冻结决定书。冻结决定书应当载明下列事项：

（一）当事人的姓名或者名称、地址；

（二）冻结的理由、依据和期限；

（三）冻结的账号和数额；

（四）申请行政复议或者提起行政诉讼的途径和期限；

（五）行政机关的名称、印章和日期。

第三十二条　自冻结存款、汇款之日起三十日内，行政机关应当作出处理决定或者作出解除冻结决定；情况复杂的，经行政机关负责人批准，可以延长，但是延长期限不得超过三十日。法律另有规定的除外。

延长冻结的决定应当及时书面告知当事人，并说明理由。

第三十三条　有下列情形之一的，行政机关应当及时作出解除冻结决定：

（一）当事人没有违法行为；

（二）冻结的存款、汇款与违法行为无关；

（三）行政机关对违法行为已经作出处理决定，不再需要冻结；

（四）冻结期限已经届满；

（五）其他不再需要采取冻结措施的情形。

行政机关作出解除冻结决定的，应当及时通知金融机构和当事人。金融机构接到通知后，应当立即解除冻结。

行政机关逾期未作出处理决定或者解除冻结决定的，金融机构应当自冻结期满之日起解除冻结。

第四章 行政机关强制执行程序

第一节 一般规定

第三十四条 行政机关依法作出行政决定后，当事人在行政机关决定的期限内不履行义务的，具有行政强制执行权的行政机关依照本章规定强制执行。

第三十五条 行政机关作出强制执行决定前，应当事先催告当事人履行义务。催告应当以书面形式作出，并载明下列事项：

（一）履行义务的期限；

（二）履行义务的方式；

（三）涉及金钱给付的，应当有明确的金额和给付方式；

（四）当事人依法享有的陈述权和申辩权。

第三十六条 当事人收到催告书后有权进行陈述和申辩。行政机关应当充分听取当事人的意见，对当事人提出的事实、理由和证据，应当进行记录、复核。当事人提出的事实、理由或者证据成立的，行政机关应当采纳。

第三十七条 经催告，当事人逾期仍不履行行政决定，且无正当理由的，行政机关可以作出强制执行决定。

强制执行决定应当以书面形式作出，并载明下列事项：

（一）当事人的姓名或者名称、地址；

（二）强制执行的理由和依据；

（三）强制执行的方式和时间；

（四）申请行政复议或者提起行政诉讼的途径和期限；

（五）行政机关的名称、印章和日期。

在催告期间，对有证据证明有转移或者隐匿财物迹象的，行政机关可以作出立即强制执行决定。

第三十八条 催告书、行政强制执行决定书应当直接送达当事人。当事人拒绝接收或者无法直接送达当事人的，应当依照《中华人民共和国民事诉讼法》的有关规定送达。

第三十九条 有下列情形之一的，中止执行：

（一）当事人履行行政决定确有困难或者暂无履行能力的；

（二）第三人对执行标的主张权利，确有理由的；

（三）执行可能造成难以弥补的损失，且中止执行不损害公共利益的；

（四）行政机关认为需要中止执行的其他情形。

中止执行的情形消失后，行政机关应当恢复执行。对没有明显社会危害，当事人确无能力履行，中止执行满三年未恢复执行的，行政机关不再执行。

第四十条 有下列情形之一的，终结执行：

（一）公民死亡，无遗产可供执行，又无义务承受人的；

（二）法人或者其他组织终止，无财产可供执行，又无义务承受人的；

（三）执行标的灭失的；

（四）据以执行的行政决定被撤销的；

（五）行政机关认为需要终结执行的其他情形。

第四十一条 在执行中或者执行完毕后，据以执行的行政决定被撤销、变更，或者执行错误的，应当恢复原状或者退还财物；不能恢复原状或者退还财物的，依法给予赔偿。

第四十二条 实施行政强制执行，行政机关可以在不损害公共利益和他人合法权益的情况下，与当事人达成执行协议。执行协议可以约定分阶段履行；当事人采取补救措施的，可以减免加处的罚款或者滞纳金。

执行协议应当履行。当事人不履行执行协议的，行政机关应当恢复强制执行。

第四十三条 行政机关不得在夜间或者法定节假日实施行政强制执行。但是，情况紧急的除外。

行政机关不得对居民生活采取停止供水、供电、供热、供燃气等方式迫使当事人履行相关行政决定。

第四十四条 对违法的建筑物、构筑物、设施等需要强制拆除的，应当由行政机关予以公告，限期当事人自行拆除。当事人在法定期限内不申请行政复议或者提起行政诉讼，又不拆除的，行政机关可以依法强制拆除。

第二节　金钱给付义务的执行

第四十五条　行政机关依法作出金钱给付义务的行政决定，当事人逾期不履行的，行政机关可以依法加处罚款或者滞纳金。加处罚款或者滞纳金的标准应当告知当事人。

加处罚款或者滞纳金的数额不得超出金钱给付义务的数额。

第四十六条　行政机关依照本法第四十五条规定实施加处罚款或者滞纳金超过三十日，经催告当事人仍不履行的，具有行政强制执行权的行政机关可以强制执行。

行政机关实施强制执行前，需要采取查封、扣押、冻结措施的，依照本法第三章规定办理。

没有行政强制执行权的行政机关应当申请人民法院强制执行。但是，当事人在法定期限内不申请行政复议或者提起行政诉讼，经催告仍不履行的，在实施行政管理过程中已经采取查封、扣押措施的行政机关，可以将查封、扣押的财物依法拍卖抵缴罚款。

第四十七条　划拨存款、汇款应当由法律规定的行政机关决定，并书面通知金融机构。金融机构接到行政机关依法作出划拨存款、汇款的决定后，应当立即划拨。

法律规定以外的行政机关或者组织要求划拨当事人存款、汇款的，金融机构应当拒绝。

第四十八条　依法拍卖财物，由行政机关委托拍卖机构依照《中华人民共和国拍卖法》的规定办理。

第四十九条　划拨的存款、汇款以及拍卖和依法处理所得的款项应当上缴国库或者划入财政专户。任何行政机关或者个人不得以任何形式截留、私分或者变相私分。

第三节　代履行

第五十条　行政机关依法作出要求当事人履行排除妨碍、恢复原状等义务的行政决定，当事人逾期不履行，经催告仍不履行，其后果已经或者将危害交通安全、造成环境污染或者破坏自然资源的，行政机关可以代履行，或者委托没有利害关系的第三人代履行。

第五十一条 代履行应当遵守下列规定：

（一）代履行前送达决定书，代履行决定书应当载明当事人的姓名或者名称、地址，代履行的理由和依据、方式和时间、标的、费用预算以及代履行人；

（二）代履行三日前，催告当事人履行，当事人履行的，停止代履行；

（三）代履行时，作出决定的行政机关应当派员到场监督；

（四）代履行完毕，行政机关到场监督的工作人员、代履行人和当事人或者见证人应当在执行文书上签名或者盖章。

代履行的费用按照成本合理确定，由当事人承担。但是，法律另有规定的除外。

代履行不得采用暴力、胁迫以及其他非法方式。

第五十二条 需要立即清除道路、河道、航道或者公共场所的遗洒物、障碍物或者污染物，当事人不能清除的，行政机关可以决定立即实施代履行；当事人不在场的，行政机关应当在事后立即通知当事人，并依法作出处理。

第五章 申请人民法院强制执行

第五十三条 当事人在法定期限内不申请行政复议或者提起行政诉讼，又不履行行政决定的，没有行政强制执行权的行政机关可以自期限届满之日起三个月内，依照本章规定申请人民法院强制执行。

第五十四条 行政机关申请人民法院强制执行前，应当催告当事人履行义务。催告书送达十日后当事人仍未履行义务的，行政机关可以向所在地有管辖权的人民法院申请强制执行；执行对象是不动产的，向不动产所在地有管辖权的人民法院申请强制执行。

第五十五条 行政机关向人民法院申请强制执行，应当提供下列材料：

（一）强制执行申请书；

（二）行政决定书及作出决定的事实、理由和依据；

（三）当事人的意见及行政机关催告情况；

（四）申请强制执行标的情况；

（五）法律、行政法规规定的其他材料。

强制执行申请书应当由行政机关负责人签名，加盖行政机关的印章，并注明日期。'

第五十六条 人民法院接到行政机关强制执行的申请，应当在五日内受理。

行政机关对人民法院不予受理的裁定有异议的，可以在十五日内向上一级人民法院申请复议，上一级人民法院应当自收到复议申请之日起十五日内作出是否受理的裁定。

第五十七条 人民法院对行政机关强制执行的申请进行书面审查，对符合本法第五十五条规定，且行政决定具备法定执行效力的，除本法第五十八条规定的情形外，人民法院应当自受理之日起七日内作出执行裁定。

第五十八条 人民法院发现有下列情形之一的，在作出裁定前可以听取被执行人和行政机关的意见：

（一）明显缺乏事实根据的；

（二）明显缺乏法律、法规依据的；

（三）其他明显违法并损害被执行人合法权益的。

人民法院应当自受理之日起三十日内作出是否执行的裁定。裁定不予执行的，应当说明理由，并在五日内将不予执行的裁定送达行政机关。

行政机关对人民法院不予执行的裁定有异议的，可以自收到裁定之日起十五日内向上一级人民法院申请复议，上一级人民法院应当自收到复议申请之日起三十日内作出是否执行的裁定。

第五十九条 因情况紧急，为保障公共安全，行政机关可以申请人民法院立即执行。经人民法院院长批准，人民法院应当自作出执行裁定之日起五日内执行。

第六十条 行政机关申请人民法院强制执行，不缴纳申请费。强制执行的费用由被执行人承担。

人民法院以划拨、拍卖方式强制执行的，可以在划拨、拍卖后将强制执行的费用扣除。

依法拍卖财物,由人民法院委托拍卖机构依照《中华人民共和国拍卖法》的规定办理。

划拨的存款、汇款以及拍卖和依法处理所得的款项应当上缴国库或者划入财政专户,不得以任何形式截留、私分或者变相私分。

第六章　法律责任

第六十一条　行政机关实施行政强制,有下列情形之一的,由上级行政机关或者有关部门责令改正,对直接负责的主管人员和其他直接责任人员依法给予处分:

(一)没有法律、法规依据的;

(二)改变行政强制对象、条件、方式的;

(三)违反法定程序实施行政强制的;

(四)违反本法规定,在夜间或者法定节假日实施行政强制执行的;

(五)对居民生活采取停止供水、供电、供热、供燃气等方式迫使当事人履行相关行政决定的;

(六)有其他违法实施行政强制情形的。

第六十二条　违反本法规定,行政机关有下列情形之一的,由上级行政机关或者有关部门责令改正,对直接负责的主管人员和其他直接责任人员依法给予处分:

(一)扩大查封、扣押、冻结范围的;

(二)使用或者损毁查封、扣押场所、设施或者财物的;

(三)在查封、扣押法定期间不作出处理决定或者未依法及时解除查封、扣押的;

(四)在冻结存款、汇款法定期间不作出处理决定或者未依法及时解除冻结的。

第六十三条　行政机关将查封、扣押的财物或者划拨的存款、汇款以及拍卖和依法处理所得的款项,截留、私分或者变相私分的,由财政部门或者有关部门予以追缴;对直接负责的主管人员和其他直接责任人员依法给予记大过、降级、撤职或者开除的处分。

行政机关工作人员利用职务上的便利,将查封、扣押的场所、设施或者财物据为己有的,由上级行政机关或者有关部门责令改正,依法给予记大过、降级、撤职或者开除的处分。

第六十四条　行政机关及其工作人员利用行政强制权为单位或者个人谋取利益的，由上级行政机关或者有关部门责令改正，对直接负责的主管人员和其他直接责任人员依法给予处分。

第六十五条　违反本法规定，金融机构有下列行为之一的，由金融业监督管理机构责令改正，对直接负责的主管人员和其他直接责任人员依法给予处分：

（一）在冻结前向当事人泄露信息的；

（二）对应当立即冻结、划拨的存款、汇款不冻结或者不划拨，致使存款、汇款转移的；

（三）将不应当冻结、划拨的存款、汇款予以冻结或者划拨的；

（四）未及时解除冻结存款、汇款的。

第六十六条　违反本法规定，金融机构将款项划入国库或者财政专户以外的其他账户的，由金融业监督管理机构责令改正，并处以违法划拨款项二倍的罚款；对直接负责的主管人员和其他直接责任人员依法给予处分。

违反本法规定，行政机关、人民法院指令金融机构将款项划入国库或者财政专户以外的其他账户的，对直接负责的主管人员和其他直接责任人员依法给予处分。

第六十七条　人民法院及其工作人员在强制执行中有违法行为或者扩大强制执行范围的，对直接负责的主管人员和其他直接责任人员依法给予处分。

第六十八条　违反本法规定，给公民、法人或者其他组织造成损失的，依法给予赔偿。

违反本法规定，构成犯罪的，依法追究刑事责任。

第七章　附　则

第六十九条　本法中十日以内期限的规定是指工作日，不含法定节假日。

第七十条　法律、行政法规授权的具有管理公共事务职能的组织在法定授权范围内，以自己的名义实施行政强制，适用本法有关行政机关的规定。

第七十一条 本法自2012年1月1日起施行。

附录四：中华人民共和国行政复议法

（1999年4月29日第九届全国人民代表大会常务委员会第九次会议通过 根据2009年8月27日第十一届全国人民代表大会常务委员会第十次会议《关于修改部分法律的决定》第一次修正 根据2017年9月1日第十二届全国人民代表大会常务委员会第二十九次会议《关于修改〈中华人民共和国法官法〉等八部法律的决定》第二次修正 2023年9月1日第十四届全国人民代表大会常务委员会第五次会议修订）

第一章 总则

第一条 为了防止和纠正违法的或者不当的行政行为，保护公民、法人和其他组织的合法权益，监督和保障行政机关依法行使职权，发挥行政复议化解行政争议的主渠道作用，推进法治政府建设，根据宪法，制定本法。

第二条 公民、法人或者其他组织认为行政机关的行政行为侵犯其合法权益，向行政复议机关提出行政复议申请，行政复议机关办理行政复议案件，适用本法。

前款所称行政行为，包括法律、法规、规章授权的组织的行政行为。

第三条 行政复议工作坚持中国共产党的领导。

行政复议机关履行行政复议职责，应当遵循合法、公正、公开、高效、便民、为民的原则，坚持有错必纠，保障法律、法规的正确实施。

第四条 县级以上各级人民政府以及其他依照本法履行行政复议职责的行政机关是行政复议机关。

行政复议机关办理行政复议事项的机构是行政复议机构。行政复议机构同时组织办理行政复议机关的行政应诉事项。

行政复议机关应当加强行政复议工作，支持和保障行政复议机构依法履行职责。上级行政复议机构对下级行政复议机构的行政复议工作进行指导、监督。

国务院行政复议机构可以发布行政复议指导性案例。

第五条 行政复议机关办理行政复议案件，可以进行调解。

调解应当遵循合法、自愿的原则，不得损害国家利益、社会公共利益和他人合法权益，不得违反法律、法规的强制性规定。

第六条 国家建立专业化、职业化行政复议人员队伍。

行政复议机构中初次从事行政复议工作的人员，应当通过国家统一法律职业资格考试取得法律职业资格，并参加统一职前培训。

国务院行政复议机构应当会同有关部门制定行政复议人员工作规范，加强对行政复议人员的业务考核和管理。

第七条 行政复议机关应当确保行政复议机构的人员配备与所承担的工作任务相适应，提高行政复议人员专业素质，根据工作需要保障办案场所、装备等设施。县级以上各级人民政府应当将行政复议工作经费列入本级预算。

第八条 行政复议机关应当加强信息化建设，运用现代信息技术，方便公民、法人或者其他组织申请、参加行政复议，提高工作质量和效率。

第九条 对在行政复议工作中做出显著成绩的单位和个人，按照国家有关规定给予表彰和奖励。

第十条 公民、法人或者其他组织对行政复议决定不服的，可以依照《中华人民共和国行政诉讼法》的规定向人民法院提起行政诉讼，但是法律规定行政复议决定为最终裁决的除外。

第二章　行政复议申请

第一节　行政复议范围

第十一条 有下列情形之一的，公民、法人或者其他组织可以依照本法申请行政复议：

（一）对行政机关作出的行政处罚决定不服；

（二）对行政机关作出的行政强制措施、行政强制执行决定不服；

（三）申请行政许可，行政机关拒绝或者在法定期限内不予答复，或者对行政机关作出的有关行政许可的其他决定不服；

（四）对行政机关作出的确认自然资源的所有权或者使用权的决定不服；

（五）对行政机关作出的征收征用决定及其补偿决定不服；

（六）对行政机关作出的赔偿决定或者不予赔偿决定不服；

（七）对行政机关作出的不予受理工伤认定申请的决定或者工伤认定结论不服；

（八）认为行政机关侵犯其经营自主权或者农村土地承包经营权、农村土地经营权；

（九）认为行政机关滥用行政权力排除或者限制竞争；

（十）认为行政机关违法集资、摊派费用或者违法要求履行其他义务；

（十一）申请行政机关履行保护人身权利、财产权利、受教育权利等合法权益的法定职责，行政机关拒绝履行、未依法履行或者不予答复；

（十二）申请行政机关依法给付抚恤金、社会保险待遇或者最低生活保障等社会保障，行政机关没有依法给付；

（十三）认为行政机关不依法订立、不依法履行、未按照约定履行或者违法变更、解除政府特许经营协议、土地房屋征收补偿协议等行政协议；

（十四）认为行政机关在政府信息公开工作中侵犯其合法权益；

（十五）认为行政机关的其他行政行为侵犯其合法权益。

第十二条　下列事项不属于行政复议范围：

（一）国防、外交等国家行为；

（二）行政法规、规章或者行政机关制定、发布的具有普遍约束力的决定、命令等规范性文件；

（三）行政机关对行政机关工作人员的奖惩、任免等决定；

（四）行政机关对民事纠纷作出的调解。

第十三条　公民、法人或者其他组织认为行政机关的行政行为所依据的下列规范性文件不合法，在对行政行为申请行政复议时，可以一并向行政复议机关提出对该规范性文件的附带审查申请：

（一）国务院部门的规范性文件；

（二）县级以上地方各级人民政府及其工作部门的规范性文件；

（三）乡、镇人民政府的规范性文件；

（四）法律、法规、规章授权的组织的规范性文件。

前款所列规范性文件不含规章。规章的审查依照法律、行政法规办理。

第二节　行政复议参加人

第十四条　依照本法申请行政复议的公民、法人或者其他组织是申请人。

有权申请行政复议的公民死亡的，其近亲属可以申请行政复议。有权申请行政复议的法人或者其他组织终止的，其权利义务承受人可以申请行政复议。

有权申请行政复议的公民为无民事行为能力人或者限制民事行为能力人的，其法定代理人可以代为申请行政复议。

第十五条　同一行政复议案件申请人人数众多的，可以由申请人推选代表人参加行政复议。

代表人参加行政复议的行为对其所代表的申请人发生效力，但是代表人变更行政复议请求、撤回行政复议申请、承认第三人请求的，应当经被代表的申请人同意。

第十六条　申请人以外的同被申请行政复议的行政行为或者行政复议案件处理结果有利害关系的公民、法人或者其他组织，可以作为第三人申请参加行政复议，或者由行政复议机构通知其作为第三人参加行政复议。

第三人不参加行政复议，不影响行政复议案件的审理。

第十七条　申请人、第三人可以委托一至二名律师、基层法律服务工作者或者其他代理人代为参加行政复议。

申请人、第三人委托代理人的，应当向行政复议机构提交授权委托书、委托人及被委托人的身份证明文件。授权委托书应当载明委托事项、权限和期限。申请人、第三人变更或者解除代理人权限的，应当书面告知行政复议机构。

第十八条 符合法律援助条件的行政复议申请人申请法律援助的，法律援助机构应当依法为其提供法律援助。

第十九条 公民、法人或者其他组织对行政行为不服申请行政复议的，作出行政行为的行政机关或者法律、法规、规章授权的组织是被申请人。

两个以上行政机关以共同的名义作出同一行政行为的，共同作出行政行为的行政机关是被申请人。

行政机关委托的组织作出行政行为的，委托的行政机关是被申请人。

作出行政行为的行政机关被撤销或者职权变更的，继续行使其职权的行政机关是被申请人。

第三节 申请的提出

第二十条 公民、法人或者其他组织认为行政行为侵犯其合法权益的，可以自知道或者应当知道该行政行为之日起六十日内提出行政复议申请；但是法律规定的申请期限超过六十日的除外。

因不可抗力或者其他正当理由耽误法定申请期限的，申请期限自障碍消除之日起继续计算。

行政机关作出行政行为时，未告知公民、法人或者其他组织申请行政复议的权利、行政复议机关和申请期限的，申请期限自公民、法人或者其他组织知道或者应当知道申请行政复议的权利、行政复议机关和申请期限之日起计算，但是自知道或者应当知道行政行为内容之日起最长不得超过一年。

第二十一条 因不动产提出的行政复议申请自行政行为作出之日起超过二十年，其他行政复议申请自行政行为作出之日起超过五年的，行政复议机关不予受理。

第二十二条 申请人申请行政复议，可以书面申请；书面申请有困难的，也可以口头申请。

书面申请的，可以通过邮寄或者行政复议机关指定的互联网渠道等方式提交行政复议申请书，也可以当面提交行政复议申请书。行政机关通过互联网渠道送达行政行为决定书的，应当同时提供提交行政复议申请书的互联网渠道。

口头申请的，行政复议机关应当当场记录申请人的基本情况、行政复议请求、申请行政复议的主要事实、理由和时间。

申请人对两个以上行政行为不服的，应当分别申请行政复议。

第二十三条 有下列情形之一的，申请人应当先向行政复议机关申请行政复议，对行政复议决定不服的，可以再依法向人民法院提起行政诉讼：

（一）对当场作出的行政处罚决定不服；

（二）对行政机关作出的侵犯其已经依法取得的自然资源的所有权或者使用权的决定不服；

（三）认为行政机关存在本法第十一条规定的未履行法定职责情形；

（四）申请政府信息公开，行政机关不予公开；

（五）法律、行政法规规定应当先向行政复议机关申请行政复议的其他情形。

对前款规定的情形，行政机关在作出行政行为时应当告知公民、法人或者其他组织先向行政复议机关申请行政复议。

第四节 行政复议管辖

第二十四条 县级以上地方各级人民政府管辖下列行政复议案件：

（一）对本级人民政府工作部门作出的行政行为不服的；

（二）对下一级人民政府作出的行政行为不服的；

（三）对本级人民政府依法设立的派出机关作出的行政行为不服的；

（四）对本级人民政府或者其工作部门管理的法律、法规、规章授权的组织作出的行政行为不服的。

除前款规定外，省、自治区、直辖市人民政府同时管辖对本机关作出的行政行为不服的行政复议案件。

省、自治区人民政府依法设立的派出机关参照设区的市级人民政府的职责权限，管辖相关行政复议案件。

对县级以上地方各级人民政府工作部门依法设立的派出机构依照法律、法规、规章规定，以派出机构的名义作出的行政行为不服的行政复议案件，由本级人民政府管辖；其中，对直辖市、设区的市人民政府工作部门按照行政区划设立的派出机构作出的行政行为不服的，也可以由其所在地的人民政府管辖。

第二十五条　国务院部门管辖下列行政复议案件：

（一）对本部门作出的行政行为不服的；

（二）对本部门依法设立的派出机构依照法律、行政法规、部门规章规定，以派出机构的名义作出的行政行为不服的；

（三）对本部门管理的法律、行政法规、部门规章授权的组织作出的行政行为不服的。

第二十六条　对省、自治区、直辖市人民政府依照本法第二十四条第二款的规定、国务院部门依照本法第二十五条第一项的规定作出的行政复议决定不服的，可以向人民法院提起行政诉讼；也可以向国务院申请裁决，国务院依照本法的规定作出最终裁决。

第二十七条　对海关、金融、外汇管理等实行垂直领导的行政机关、税务和国家安全机关的行政行为不服的，向上一级主管部门申请行政复议。

第二十八条　对履行行政复议机构职责的地方人民政府司法行政部门的行政行为不服的，可以向本级人民政府申请行政复议，也可以向上一级司法行政部门申请行政复议。

第二十九条　公民、法人或者其他组织申请行政复议，行政复议机关已经依法受理的，在行政复议期间不得向人民法院提起行政诉讼。

公民、法人或者其他组织向人民法院提起行政诉讼，人民法院已经依法受理的，不得申请行政复议。

第三章　行政复议受理

第三十条　行政复议机关收到行政复议申请后，应当在五日内进行审查。对符合下列规定的，行政复议机关应当予以受理：

（一）有明确的申请人和符合本法规定的被申请人；

（二）申请人与被申请行政复议的行政行为有利害关系；

（三）有具体的行政复议请求和理由；

（四）在法定申请期限内提出；

（五）属于本法规定的行政复议范围；

（六）属于本机关的管辖范围；

（七）行政复议机关未受理过该申请人就同一行政行为提出的行政复议申请，并且人民法院未受理过该申请人就同一行政行为提起的行政诉讼。

对不符合前款规定的行政复议申请，行政复议机关应当在审查期限内决定不予受理并说明理由；不属于本机关管辖的，还应当在不予受理决定中告知申请人有管辖权的行政复议机关。

行政复议申请的审查期限届满，行政复议机关未作出不予受理决定的，审查期限届满之日起视为受理。

第三十一条　行政复议申请材料不齐全或者表述不清楚，无法判断行政复议申请是否符合本法第三十条第一款规定的，行政复议机关应当自收到申请之日起五日内书面通知申请人补正。补正通知应当一次性载明需要补正的事项。

申请人应当自收到补正通知之日起十日内提交补正材料。有正当理由不能按期补正的，行政复议机关可以延长合理的补正期限。无正当理由逾期不补正的，视为申请人放弃行政复议申请，并记录在案。

行政复议机关收到补正材料后，依照本法第三十条的规定处理。

第三十二条　对当场作出或者依据电子技术监控设备记录的违法事实作出的行政处罚决定不服申请行政复议的，可以通过作出行政处罚决定的行政机关提交行政复议申请。

行政机关收到行政复议申请后，应当及时处理；认为需要维持行政处罚决定的，应当自收到行政复议申请之日起五日内转送行政复议机关。

第三十三条　行政复议机关受理行政复议申请后，发现该行政复议申请不符合本法第三十条第一款规定的，应当决定驳回申请并说明理由。

第三十四条　法律、行政法规规定应当先向行政复议机关申请行政复议、对行政复议决定不服再向人民法院提起行政诉讼的，行政复议机关决定不予受理、驳回申请或者受理后超过行政复议期限不作答复的，公民、法人或者其他组织可以自收到决定书之日起或者行政复议期限届满之日起十五日内，依法向人民法院提起行政诉讼。

第三十五条　公民、法人或者其他组织依法提出行政复议申请，行政复议机关无正当理由不予受理、驳回申请或者受理后超过行政复议期限不作答复的，申请人有权向上级行政机关反映，上级行政机关应当责令其纠正；必要时，上级行政复议机关可以直接受理。

第四章　行政复议审理

第一节　一般规定

第三十六条　行政复议机关受理行政复议申请后，依照本法适用普通程序或者简易程序进行审理。行政复议机构应当指定行政复议人员负责办理行政复议案件。

行政复议人员对办理行政复议案件过程中知悉的国家秘密、商业秘密和个人隐私，应当予以保密。

第三十七条　行政复议机关依照法律、法规、规章审理行政复议案件。

行政复议机关审理民族自治地方的行政复议案件，同时依照该民族自治地方的自治条例和单行条例。

第三十八条　上级行政复议机关根据需要，可以审理下级行政复议机关管辖的行政复议案件。

下级行政复议机关对其管辖的行政复议案件，认为需要由上级行政复议机关审理的，可以报请上级行政复议机关决定。

第三十九条　行政复议期间有下列情形之一的，行政复议中止：

（一）作为申请人的公民死亡，其近亲属尚未确定是否参加行政复议；

（二）作为申请人的公民丧失参加行政复议的行为能力，尚未确定法定代理人参加行政复议；

（三）作为申请人的公民下落不明；

（四）作为申请人的法人或者其他组织终止，尚未确定权利义务承受人；

（五）申请人、被申请人因不可抗力或者其他正当理由，不能参加行政复议；

（六）依照本法规定进行调解、和解，申请人和被申请人同意中止；

（七）行政复议案件涉及的法律适用问题需要有权机关作出解释或者确认；

（八）行政复议案件审理需要以其他案件的审理结果为依据，而其他案件尚未审结；

（九）有本法第五十六条或者第五十七条规定的情形；

（十）需要中止行政复议的其他情形。

行政复议中止的原因消除后，应当及时恢复行政复议案件的审理。

行政复议机关中止、恢复行政复议案件的审理，应当书面告知当事人。

第四十条　行政复议期间，行政复议机关无正当理由中止行政复议的，上级行政机关应当责令其恢复审理。

第四十一条　行政复议期间有下列情形之一的，行政复议机关决定终止行政复议：

（一）申请人撤回行政复议申请，行政复议机构准予撤回；

（二）作为申请人的公民死亡，没有近亲属或者其近亲属放弃行政复议权利；

（三）作为申请人的法人或者其他组织终止，没有权利义务承受人或者其权利义务承受人放弃行政复议权利；

（四）申请人对行政拘留或者限制人身自由的行政强制措施不服申请行政复议后，因同一违法行为涉嫌犯罪，被采取刑事强制措施；

（五）依照本法第三十九条第一款第一项、第二项、第四项的规定中止行政复议满六十日，行政复议中止的原因仍未消除。

第四十二条　行政复议期间行政行为不停止执行；但是有下列情形之一的，应当停止执行：

（一）被申请人认为需要停止执行；

（二）行政复议机关认为需要停止执行；

（三）申请人、第三人申请停止执行，行政复议机关认为其要求合理，决定停止执行；

（四）法律、法规、规章规定停止执行的其他情形。

第二节 行政复议证据

第四十三条 行政复议证据包括：

（一）书证；

（二）物证；

（三）视听资料；

（四）电子数据；

（五）证人证言；

（六）当事人的陈述；

（七）鉴定意见；

（八）勘验笔录、现场笔录。

以上证据经行政复议机构审查属实，才能作为认定行政复议案件事实的根据。

第四十四条 被申请人对其作出的行政行为的合法性、适当性负有举证责任。

有下列情形之一的，申请人应当提供证据：

（一）认为被申请人不履行法定职责的，提供曾经要求被申请人履行法定职责的证据，但是被申请人应当依职权主动履行法定职责或者申请人因正当理由不能提供的除外；

（二）提出行政赔偿请求的，提供受行政行为侵害而造成损害的证据，但是因被申请人原因导致申请人无法举证的，由被申请人承担举证责任；

（三）法律、法规规定需要申请人提供证据的其他情形。

第四十五条 行政复议机关有权向有关单位和个人调查取证，查阅、复制、调取有关文件和资料，向有关人员进行询问。

调查取证时，行政复议人员不得少于两人，并应当出示行政复议工作证件。

被调查取证的单位和个人应当积极配合行政复议人员的工作，不得拒绝或者阻挠。

第四十六条 行政复议期间，被申请人不得自行向申请人和其他有关单位或者个人收集证据；自行收集的证据不作为认定行政行为合法性、适当性的依据。

行政复议期间，申请人或者第三人提出被申请行政复议的行政行为作出时没有提出的理由或者证据的，经行政复议机构同意，被申请人可以补充证据。

第四十七条　行政复议期间，申请人、第三人及其委托代理人可以按照规定查阅、复制被申请人提出的书面答复、作出行政行为的证据、依据和其他有关材料，除涉及国家秘密、商业秘密、个人隐私或者可能危及国家安全、公共安全、社会稳定的情形外，行政复议机构应当同意。

第三节　普通程序

第四十八条　行政复议机构应当自行政复议申请受理之日起七日内，将行政复议申请书副本或者行政复议申请笔录复印件发送被申请人。被申请人应当自收到行政复议申请书副本或者行政复议申请笔录复印件之日起十日内，提出书面答复，并提交作出行政行为的证据、依据和其他有关材料。

第四十九条　适用普通程序审理的行政复议案件，行政复议机构应当当面或者通过互联网、电话等方式听取当事人的意见，并将听取的意见记录在案。因当事人原因不能听取意见的，可以书面审理。

第五十条　审理重大、疑难、复杂的行政复议案件，行政复议机构应当组织听证。

行政复议机构认为有必要听证，或者申请人请求听证的，行政复议机构可以组织听证。

听证由一名行政复议人员任主持人，两名以上行政复议人员任听证员，一名记录员制作听证笔录。

第五十一条　行政复议机构组织听证的，应当于举行听证的五日前将听证的时间、地点和拟听证事项书面通知当事人。

申请人无正当理由拒不参加听证的，视为放弃听证权利。

被申请人的负责人应当参加听证。不能参加的，应当说明理由并委托相应的工作人员参加听证。

第五十二条　县级以上各级人民政府应当建立相关政府部门、专家、学者等参与的行政复议委员会，为办理行政复议案件提供咨询意见，并就行政复议工作中的重大事项和共性问题研究提出意见。行政复议委员会的组成和开展工作的具体办法，由国务院行政复议机构制定。

审理行政复议案件涉及下列情形之一的，行政复议机构应当提请行政复议委员会提出咨询意见：

（一）案情重大、疑难、复杂；

（二）专业性、技术性较强；

（三）本法第二十四条第二款规定的行政复议案件；

（四）行政复议机构认为有必要。

行政复议机构应当记录行政复议委员会的咨询意见。

第四节 简易程序

第五十三条 行政复议机关审理下列行政复议案件，认为事实清楚、权利义务关系明确、争议不大的，可以适用简易程序：

（一）被申请行政复议的行政行为是当场作出；

（二）被申请行政复议的行政行为是警告或者通报批评；

（三）案件涉及款额三千元以下；

（四）属于政府信息公开案件。

除前款规定以外的行政复议案件，当事人各方同意适用简易程序的，可以适用简易程序。

第五十四条 适用简易程序审理的行政复议案件，行政复议机构应当自受理行政复议申请之日起三日内，将行政复议申请书副本或者行政复议申请笔录复印件发送被申请人。被申请人应当自收到行政复议申请书副本或者行政复议申请笔录复印件之日起五日内，提出书面答复，并提交作出行政行为的证据、依据和其他有关材料。

适用简易程序审理的行政复议案件，可以书面审理。

第五十五条 适用简易程序审理的行政复议案件，行政复议机构认为不宜适用简易程序的，经行政复议机构的负责人批准，可以转为普通程序审理。

第五节 行政复议附带审查

第五十六条 申请人依照本法第十三条的规定提出对有关规范性文

件的附带审查申请，行政复议机关有权处理的，应当在三十日内依法处理；无权处理的，应当在七日内转送有权处理的行政机关依法处理。

第五十七条　行政复议机关在对被申请人作出的行政行为进行审查时，认为其依据不合法，本机关有权处理的，应当在三十日内依法处理；无权处理的，应当在七日内转送有权处理的国家机关依法处理。

第五十八条　行政复议机关依照本法第五十六条、第五十七条的规定有权处理有关规范性文件或者依据的，行政复议机构应当自行政复议中止之日起三日内，书面通知规范性文件或者依据的制定机关就相关条款的合法性提出书面答复。制定机关应当自收到书面通知之日起十日内提交书面答复及相关材料。

行政复议机构认为必要时，可以要求规范性文件或者依据的制定机关当面说明理由，制定机关应当配合。

第五十九条　行政复议机关依照本法第五十六条、第五十七条的规定有权处理有关规范性文件或者依据，认为相关条款合法的，在行政复议决定书中一并告知；认为相关条款超越权限或者违反上位法的，决定停止该条款的执行，并责令制定机关予以纠正。

第六十条　依照本法第五十六条、第五十七条的规定接受转送的行政机关、国家机关应当自收到转送之日起六十日内，将处理意见回复转送的行政复议机关。

第五章　行政复议决定

第六十一条　行政复议机关依照本法审理行政复议案件，由行政复议机构对行政行为进行审查，提出意见，经行政复议机关的负责人同意或者集体讨论通过后，以行政复议机关的名义作出行政复议决定。

经过听证的行政复议案件，行政复议机关应当根据听证笔录、审查认定的事实和证据，依照本法作出行政复议决定。

提请行政复议委员会提出咨询意见的行政复议案件，行政复议机关应当将咨询意见作为作出行政复议决定的重要参考依据。

第六十二条　适用普通程序审理的行政复议案件，行政复议机关应当自受理申请之日起六十日内作出行政复议决定；但是法律规定的行政复议期限少于六十日的除外。情况复杂，不能在规定期限内作出行政复议决定的，经行政复议机构的负责人批准，可以适当延长，并书面告知当事人；但是延长期限最多不得超过三十日。

适用简易程序审理的行政复议案件，行政复议机关应当自受理申请之日起三十日内作出行政复议决定。

第六十三条　行政行为有下列情形之一的，行政复议机关决定变更该行政行为：

（一）事实清楚，证据确凿，适用依据正确，程序合法，但是内容不适当；

（二）事实清楚，证据确凿，程序合法，但是未正确适用依据；

（三）事实不清、证据不足，经行政复议机关查清事实和证据。

行政复议机关不得作出对申请人更为不利的变更决定，但是第三人提出相反请求的除外。

第六十四条　行政行为有下列情形之一的，行政复议机关决定撤销或者部分撤销该行政行为，并可以责令被申请人在一定期限内重新作出行政行为：

（一）主要事实不清、证据不足；

（二）违反法定程序；

（三）适用的依据不合法；

（四）超越职权或者滥用职权。

行政复议机关责令被申请人重新作出行政行为的，被申请人不得以同一事实和理由作出与被申请行政复议的行政行为相同或者基本相同的行政行为，但是行政复议机关以违反法定程序为由决定撤销或者部分撤销的除外。

第六十五条　行政行为有下列情形之一的，行政复议机关不撤销该行政行为，但是确认该行政行为违法：

（一）依法应予撤销，但是撤销会给国家利益、社会公共利益造成重大损害；

（二）程序轻微违法，但是对申请人权利不产生实际影响。

行政行为有下列情形之一，不需要撤销或者责令履行的，行政复议机关确认该行政行为违法：

（一）行政行为违法，但是不具有可撤销内容；

（二）被申请人改变原违法行政行为，申请人仍要求撤销或者确认该行政行为违法；

（三）被申请人不履行或者拖延履行法定职责，责令履行没有意义。

第六十六条　被申请人不履行法定职责的，行政复议机关决定被申请人在一定期限内履行。

第六十七条　行政行为有实施主体不具有行政主体资格或者没有依据等重大且明显违法情形，申请人申请确认行政行为无效的，行政复议机关确认该行政行为无效。

第六十八条　行政行为认定事实清楚，证据确凿，适用依据正确，程序合法，内容适当的，行政复议机关决定维持该行政行为。

第六十九条　行政复议机关受理申请人认为被申请人不履行法定职责的行政复议申请后，发现被申请人没有相应法定职责或者在受理前已经履行法定职责的，决定驳回申请人的行政复议请求。

第七十条　被申请人不按照本法第四十八条、第五十四条的规定提出书面答复、提交作出行政行为的证据、依据和其他有关材料的，视为该行政行为没有证据、依据，行政复议机关决定撤销、部分撤销该行政行为，确认该行政行为违法、无效或者决定被申请人在一定期限内履行，但是行政行为涉及第三人合法权益，第三人提供证据的除外。

第七十一条　被申请人不依法订立、不依法履行、未按照约定履行或者违法变更、解除行政协议的，行政复议机关决定被申请人承担依法订立、继续履行、采取补救措施或者赔偿损失等责任。

被申请人变更、解除行政协议合法，但是未依法给予补偿或者补偿不合理的，行政复议机关决定被申请人依法给予合理补偿。

第七十二条　申请人在申请行政复议时一并提出行政赔偿请求，行政复议机关对依照《中华人民共和国国家赔偿法》的有关规定应当不予赔偿的，在作出行政复议决定时，应当同时决定驳回行政赔偿请求；对符合《中华人民共和国国家赔偿法》的有关规定应当给予赔偿的，在决定撤销或者部分撤销、变更行政行为或者确认行政行为违法、无效时，应当同时决定被申请人依法给予赔偿；确认行政行为违法的，还可以同时责令被申请人采取补救措施。

申请人在申请行政复议时没有提出行政赔偿请求的，行政复议机关在依法决定撤销或者部分撤销、变更罚款，撤销或者部分撤销违法集资、没收财物、征收征用、摊派费用以及对财产的查封、扣押、冻结等行政行为时，应当同时责令被申请人返还财产，解除对财产的查封、扣押、冻结措施，或者赔偿相应的价款。

第七十三条 当事人经调解达成协议的，行政复议机关应当制作行政复议调解书，经各方当事人签字或者签章，并加盖行政复议机关印章，即具有法律效力。

调解未达成协议或者调解书生效前一方反悔的，行政复议机关应当依法审查或者及时作出行政复议决定。

第七十四条 当事人在行政复议决定作出前可以自愿达成和解，和解内容不得损害国家利益、社会公共利益和他人合法权益，不得违反法律、法规的强制性规定。

当事人达成和解后，由申请人向行政复议机构撤回行政复议申请。行政复议机构准予撤回行政复议申请、行政复议机关决定终止行政复议的，申请人不得再以同一事实和理由提出行政复议申请。但是，申请人能够证明撤回行政复议申请违背其真实意愿的除外。

第七十五条 行政复议机关作出行政复议决定，应当制作行政复议决定书，并加盖行政复议机关印章。

行政复议决定书一经送达，即发生法律效力。

第七十六条 行政复议机关在办理行政复议案件过程中，发现被申请人或者其他下级行政机关的有关行政行为违法或者不当的，可以向其制发行政复议意见书。有关机关应当自收到行政复议意见书之日起六十日内，将纠正相关违法或者不当行政行为的情况报送行政复议机关。

第七十七条 被申请人应当履行行政复议决定书、调解书、意见书。

被申请人不履行或者无正当理由拖延履行行政复议决定书、调解书、意见书的，行政复议机关或者有关上级行政机关应当责令其限期履行，并可以约谈被申请人的有关负责人或者予以通报批评。

第七十八条 申请人、第三人逾期不起诉又不履行行政复议决定书、调解书的，或者不履行最终裁决的行政复议决定的，按照下列规定分别处理：

（一）维持行政行为的行政复议决定书，由作出行政行为的行政机关依法强制执行，或者申请人民法院强制执行；

（二）变更行政行为的行政复议决定书，由行政复议机关依法强制执行，或者申请人民法院强制执行；

（三）行政复议调解书，由行政复议机关依法强制执行，或者申请人民法院强制执行。

第七十九条 行政复议机关根据被申请行政复议的行政行为的公开情况，按照国家有关规定将行政复议决定书向社会公开。

县级以上地方各级人民政府办理以本级人民政府工作部门为被申请人的行政复议案件，应当将发生法律效力的行政复议决定书、意见书同时抄告被申请人的上一级主管部门。

第六章 法律责任

第八十条 行政复议机关不依照本法规定履行行政复议职责，对负有责任的领导人员和直接责任人员依法给予警告、记过、记大过的处分；经有权监督的机关督促仍不改正或者造成严重后果的，依法给予降级、撤职、开除的处分。

第八十一条 行政复议机关工作人员在行政复议活动中，徇私舞弊或者有其他渎职、失职行为的，依法给予警告、记过、记大过的处分；情节严重的，依法给予降级、撤职、开除的处分；构成犯罪的，依法追究刑事责任。

第八十二条 被申请人违反本法规定，不提出书面答复或者不提交作出行政行为的证据、依据和其他有关材料，或者阻挠、变相阻挠公民、法人或者其他组织依法申请行政复议的，对负有责任的领导人员和直接责任人员依法给予警告、记过、记大过的处分；进行报复陷害的，依法给予降级、撤职、开除的处分；构成犯罪的，依法追究刑事责任。

第八十三条 被申请人不履行或者无正当理由拖延履行行政复议决定书、调解书、意见书的，对负有责任的领导人员和直接责任人员依法给予警告、记过、记大过的处分；经责令履行仍拒不履行的，依法给予降级、撤职、开除的处分。

第八十四条 拒绝、阻挠行政复议人员调查取证，故意扰乱行政复议工作秩序的，依法给予处分、治安管理处罚；构成犯罪的，依法追究刑事责任。

第八十五条 行政机关及其工作人员违反本法规定的，行政复议机关可以向监察机关或者公职人员任免机关、单位移送有关人员违法的事实材料，接受移送的监察机关或者公职人员任免机关、单位应当依法处理。

第八十六条 行政复议机关在办理行政复议案件过程中，发现公职人员涉嫌贪污贿赂、失职渎职等职务违法或者职务犯罪的问题线索，应当依照有关规定移送监察机关，由监察机关依法调查处置。

第七章 附则

第八十七条 行政复议机关受理行政复议申请，不得向申请人收取任何费用。

第八十八条 行政复议期间的计算和行政复议文书的送达，本法没有规定的，依照《中华人民共和国民事诉讼法》关于期间、送达的规定执行。

本法关于行政复议期间有关"三日"、"五日"、"七日"、"十日"的规定是指工作日，不含法定休假日。

第八十九条 外国人、无国籍人、外国组织在中华人民共和国境内申请行政复议，适用本法。

第九十条 本法自2024年1月1日起施行。

附录五：中华人民共和国政府信息公开条例

（2007年4月5日中华人民共和国国务院令第492号公布　2019年4月3日中华人民共和国国务院令第711号修订）

第一章 总则

第一条 为了保障公民、法人和其他组织依法获取政府信息，提高政府工作的透明度，建设法治政府，充分发挥政府信息对人民群众生产、生活和经济社会活动的服务作用，制定本条例。

第二条 本条例所称政府信息，是指行政机关在履行行政管理职能过程中制作或者获取的，以一定形式记录、保存的信息。

第三条 各级人民政府应当加强对政府信息公开工作的组织领导。

国务院办公厅是全国政府信息公开工作的主管部门，负责推进、指导、协调、监督全国的政府信息公开工作。

县级以上地方人民政府办公厅（室）是本行政区域的政府信息公开工作主管部门，负责推进、指导、协调、监督本行政区域的政府信息公开工作。

实行垂直领导的部门的办公厅（室）主管本系统的政府信息公开工作。

第四条 各级人民政府及县级以上人民政府部门应当建立健全本行政机关的政府信息公开工作制度，并指定机构（以下统称政府信息公开工作机构）负责本行政机关政府信息公开的日常工作。

政府信息公开工作机构的具体职能是：

（一）办理本行政机关的政府信息公开事宜；

（二）维护和更新本行政机关公开的政府信息；

（三）组织编制本行政机关的政府信息公开指南、政府信息公开目录和政府信息公开工作年度报告；

（四）组织开展对拟公开政府信息的审查；

（五）本行政机关规定的与政府信息公开有关的其他职能。

第五条 行政机关公开政府信息，应当坚持以公开为常态、不公开为例外，遵循公正、公平、合法、便民的原则。

第六条 行政机关应当及时、准确地公开政府信息。

行政机关发现影响或者可能影响社会稳定、扰乱社会和经济管理秩序的虚假或者不完整信息的，应当发布准确的政府信息予以澄清。

第七条 各级人民政府应当积极推进政府信息公开工作，逐步增加政府信息公开的内容。

第八条 各级人民政府应当加强政府信息资源的规范化、标准化、信息化管理，加强互联网政府信息公开平台建设，推进政府信息公开平台与政务服务平台融合，提高政府信息公开在线办理水平。

第九条 公民、法人和其他组织有权对行政机关的政府信息公开工作进行监督，并提出批评和建议。

第二章 公开的主体和范围

第十条 行政机关制作的政府信息，由制作该政府信息的行政机关负责公开。行政机关从公民、法人和其他组织获取的政府信息，由保存该政府信息的行政机关负责公开；行政机关获取的其他行政机关的政府信息，由制作或者最初获取该政府信息的行政机关负责公开。法律、法规对政府信息公开的权限另有规定的，从其规定。

行政机关设立的派出机构、内设机构依照法律、法规对外以自己名义履行行政管理职能的，可以由该派出机构、内设机构负责与所履行行政管理职能有关的政府信息公开工作。

两个以上行政机关共同制作的政府信息，由牵头制作的行政机关负责公开。

第十一条 行政机关应当建立健全政府信息公开协调机制。行政机关公开政府信息涉及其他机关的，应当与有关机关协商、确认，保证行政机关公开的政府信息准确一致。

行政机关公开政府信息依照法律、行政法规和国家有关规定需要批准的，经批准予以公开。

第十二条 行政机关编制、公布的政府信息公开指南和政府信息公开目录应当及时更新。

政府信息公开指南包括政府信息的分类、编排体系、获取方式和政府信息公开工作机构的名称、办公地址、办公时间、联系电话、传真号码、互联网联系方式等内容。

政府信息公开目录包括政府信息的索引、名称、内容概述、生成日期等内容。

第十三条 除本条例第十四条、第十五条、第十六条规定的政府信息外，政府信息应当公开。

行政机关公开政府信息，采取主动公开和依申请公开的方式。

第十四条　依法确定为国家秘密的政府信息，法律、行政法规禁止公开的政府信息，以及公开后可能危及国家安全、公共安全、经济安全、社会稳定的政府信息，不予公开。

第十五条　涉及商业秘密、个人隐私等公开会对第三方合法权益造成损害的政府信息，行政机关不得公开。但是，第三方同意公开或者行政机关认为不公开会对公共利益造成重大影响的，予以公开。

第十六条　行政机关的内部事务信息，包括人事管理、后勤管理、内部工作流程等方面的信息，可以不予公开。

行政机关在履行行政管理职能过程中形成的讨论记录、过程稿、磋商信函、请示报告等过程性信息以及行政执法案卷信息，可以不予公开。法律、法规、规章规定上述信息应当公开的，从其规定。

第十七条　行政机关应当建立健全政府信息公开审查机制，明确审查的程序和责任。

行政机关应当依照《中华人民共和国保守国家秘密法》以及其他法律、法规和国家有关规定对拟公开的政府信息进行审查。

行政机关不能确定政府信息是否可以公开的，应当依照法律、法规和国家有关规定报有关主管部门或者保密行政管理部门确定。

第十八条　行政机关应当建立健全政府信息管理动态调整机制，对本行政机关不予公开的政府信息进行定期评估审查，对因情势变化可以公开的政府信息应当公开。

第三章　主动公开

第十九条　对涉及公众利益调整、需要公众广泛知晓或者需要公众参与决策的政府信息，行政机关应当主动公开。

第二十条　行政机关应当依照本条例第十九条的规定，主动公开本行政机关的下列政府信息：

（一）行政法规、规章和规范性文件；

（二）机关职能、机构设置、办公地址、办公时间、联系方式、负责人姓名；

（三）国民经济和社会发展规划、专项规划、区域规划及相关政策；

（四）国民经济和社会发展统计信息；

（五）办理行政许可和其他对外管理服务事项的依据、条件、程序以及办理结果；

（六）实施行政处罚、行政强制的依据、条件、程序以及本行政机关认为具有一定社会影响的行政处罚决定；

（七）财政预算、决算信息；

（八）行政事业性收费项目及其依据、标准；

（九）政府集中采购项目的目录、标准及实施情况；

（十）重大建设项目的批准和实施情况；

（十一）扶贫、教育、医疗、社会保障、促进就业等方面的政策、措施及其实施情况；

（十二）突发公共事件的应急预案、预警信息及应对情况；

（十三）环境保护、公共卫生、安全生产、食品药品、产品质量的监督检查情况；

（十四）公务员招考的职位、名额、报考条件等事项以及录用结果；

（十五）法律、法规、规章和国家有关规定应当主动公开的其他政府信息。

第二十一条 除本条例第二十条规定的政府信息外，设区的市级、县级人民政府及其部门还应当根据本地方的具体情况，主动公开涉及市政建设、公共服务、公益事业、土地征收、房屋征收、治安管理、社会救助等方面的政府信息；乡（镇）人民政府还应当根据本地方的具体情况，主动公开贯彻落实农业农村政策、农田水利工程建设运营、农村土地承包经营权流转、宅基地使用情况审核、土地征收、房屋征收、筹资筹劳、社会救助等方面的政府信息。

第二十二条 行政机关应当依照本条例第二十条、第二十一条的规定，确定主动公开政府信息的具体内容，并按照上级行政机关的部署，不断增加主动公开的内容。

第二十三条 行政机关应当建立健全政府信息发布机制，将主动公开的政府信息通过政府公报、政府网站或者其他互联网政务媒体、新闻发布会以及报刊、广播、电视等途径予以公开。

第二十四条　各级人民政府应当加强依托政府门户网站公开政府信息的工作，利用统一的政府信息公开平台集中发布主动公开的政府信息。政府信息公开平台应当具备信息检索、查阅、下载等功能。

第二十五条　各级人民政府应当在国家档案馆、公共图书馆、政务服务场所设置政府信息查阅场所，并配备相应的设施、设备，为公民、法人和其他组织获取政府信息提供便利。

行政机关可以根据需要设立公共查阅室、资料索取点、信息公告栏、电子信息屏等场所、设施，公开政府信息。

行政机关应当及时向国家档案馆、公共图书馆提供主动公开的政府信息。

第二十六条　属于主动公开范围的政府信息，应当自该政府信息形成或者变更之日起20个工作日内及时公开。法律、法规对政府信息公开的期限另有规定的，从其规定。

第四章　依申请公开

第二十七条　除行政机关主动公开的政府信息外，公民、法人或者其他组织可以向地方各级人民政府、对外以自己名义履行行政管理职能的县级以上人民政府部门（含本条例第十条第二款规定的派出机构、内设机构）申请获取相关政府信息。

第二十八条　本条例第二十七条规定的行政机关应当建立完善政府信息公开申请渠道，为申请人依法申请获取政府信息提供便利。

第二十九条　公民、法人或者其他组织申请获取政府信息的，应当向行政机关的政府信息公开工作机构提出，并采用包括信件、数据电文在内的书面形式；采用书面形式确有困难的，申请人可以口头提出，由受理该申请的政府信息公开工作机构代为填写政府信息公开申请。

政府信息公开申请应当包括下列内容：

（一）申请人的姓名或者名称、身份证明、联系方式；

（二）申请公开的政府信息的名称、文号或者便于行政机关查询的其他特征性描述；

（三）申请公开的政府信息的形式要求，包括获取信息的方式、途径。

第三十条　政府信息公开申请内容不明确的，行政机关应当给予指导和释明，并自收到申请之日起7个工作日内一次性告知申请人作出补正，说明需要补正的事项和合理的补正期限。答复期限自行政机关收到补正的申请之日起计算。申请人无正当理由逾期不补正的，视为放弃申请，行政机关不再处理该政府信息公开申请。

第三十一条　行政机关收到政府信息公开申请的时间，按照下列规定确定：

（一）申请人当面提交政府信息公开申请的，以提交之日为收到申请之日；

（二）申请人以邮寄方式提交政府信息公开申请的，以行政机关签收之日为收到申请之日；以平常信函等无需签收的邮寄方式提交政府信息公开申请的，政府信息公开工作机构应当于收到申请的当日与申请人确认，确认之日为收到申请之日；

（三）申请人通过互联网渠道或者政府信息公开工作机构的传真提交政府信息公开申请的，以双方确认之日为收到申请之日。

第三十二条　依申请公开的政府信息公开会损害第三方合法权益的，行政机关应当书面征求第三方的意见。第三方应当自收到征求意见书之日起15个工作日内提出意见。第三方逾期未提出意见的，由行政机关依照本条例的规定决定是否公开。第三方不同意公开且有合理理由的，行政机关不予公开。行政机关认为不公开可能对公共利益造成重大影响的，可以决定予以公开，并将决定公开的政府信息内容和理由书面告知第三方。

第三十三条　行政机关收到政府信息公开申请，能够当场答复的，应当当场予以答复。

行政机关不能当场答复的，应当自收到申请之日起20个工作日内予以答复；需要延长答复期限的，应当经政府信息公开工作机构负责人同意并告知申请人，延长的期限最长不得超过20个工作日。

行政机关征求第三方和其他机关意见所需时间不计算在前款规定的

期限内。

第三十四条　申请公开的政府信息由两个以上行政机关共同制作的，牵头制作的行政机关收到政府信息公开申请后可以征求相关行政机关的意见，被征求意见机关应当自收到征求意见书之日起15个工作日内提出意见，逾期未提出意见的视为同意公开。

第三十五条　申请人申请公开政府信息的数量、频次明显超过合理范围，行政机关可以要求申请人说明理由。行政机关认为申请理由不合理的，告知申请人不予处理；行政机关认为申请理由合理，但是无法在本条例第三十三条规定的期限内答复申请人的，可以确定延迟答复的合理期限并告知申请人。

第三十六条　对政府信息公开申请，行政机关根据下列情况分别作出答复：

（一）所申请公开信息已经主动公开的，告知申请人获取该政府信息的方式、途径；

（二）所申请公开信息可以公开的，向申请人提供该政府信息，或者告知申请人获取该政府信息的方式、途径和时间；

（三）行政机关依据本条例的规定决定不予公开的，告知申请人不予公开并说明理由；

（四）经检索没有所申请公开信息的，告知申请人该政府信息不存在；

（五）所申请公开信息不属于本行政机关负责公开的，告知申请人并说明理由；能够确定负责公开该政府信息的行政机关的，告知申请人该行政机关的名称、联系方式；

（六）行政机关已就申请人提出的政府信息公开申请作出答复、申请人重复申请公开相同政府信息的，告知申请人不予重复处理；

（七）所申请公开信息属于工商、不动产登记资料等信息，有关法律、行政法规对信息的获取有特别规定的，告知申请人依照有关法律、行政法规的规定办理。

第三十七条　申请公开的信息中含有不应当公开或者不属于政府信息的内容，但是能够作区分处理的，行政机关应当向申请人提供可以公开的政府信息内容，并对不予公开的内容说明理由。

第三十八条　行政机关向申请人提供的信息，应当是已制作或者获取的政府信息。除依照本条例第三十七条的规定能够作区分处理的外，需要行政机关对现有政府信息进行加工、分析的，行政机关可以不予提供。

第三十九条　申请人以政府信息公开申请的形式进行信访、投诉、举报等活动，行政机关应当告知申请人不作为政府信息公开申请处理并可以告知通过相应渠道提出。

申请人提出的申请内容为要求行政机关提供政府公报、报刊、书籍等公开出版物的，行政机关可以告知获取的途径。

第四十条　行政机关依申请公开政府信息，应当根据申请人的要求及行政机关保存政府信息的实际情况，确定提供政府信息的具体形式；按照申请人要求的形式提供政府信息，可能危及政府信息载体安全或者公开成本过高的，可以通过电子数据以及其他适当形式提供，或者安排申请人查阅、抄录相关政府信息。

第四十一条　公民、法人或者其他组织有证据证明行政机关提供的与其自身相关的政府信息记录不准确的，可以要求行政机关更正。有权更正的行政机关审核属实的，应当予以更正并告知申请人；不属于本行政机关职能范围的，行政机关可以转送有权更正的行政机关处理并告知申请人，或者告知申请人向有权更正的行政机关提出。

第四十二条　行政机关依申请提供政府信息，不收取费用。但是，申请人申请公开政府信息的数量、频次明显超过合理范围的，行政机关可以收取信息处理费。

行政机关收取信息处理费的具体办法由国务院价格主管部门会同国务院财政部门、全国政府信息公开工作主管部门制定。

第四十三条　申请公开政府信息的公民存在阅读困难或者视听障碍的，行政机关应当为其提供必要的帮助。

第四十四条　多个申请人就相同政府信息向同一行政机关提出公开申请，且该政府信息属于可以公开的，行政机关可以纳入主动公开的范围。

对行政机关依申请公开的政府信息，申请人认为涉及公众利益调整、需要公众广泛知晓或者需要公众参与决策的，可以建议行政机关将该信息纳入主动公开的范围。行政机关经审核认为属于主动公开范围的，应当及时主动公开。

第四十五条 行政机关应当建立健全政府信息公开申请登记、审核、办理、答复、归档的工作制度，加强工作规范。

第五章　监督和保障

第四十六条 各级人民政府应当建立健全政府信息公开工作考核制度、社会评议制度和责任追究制度，定期对政府信息公开工作进行考核、评议。

第四十七条 政府信息公开工作主管部门应当加强对政府信息公开工作的日常指导和监督检查，对行政机关未按照要求开展政府信息公开工作的，予以督促整改或者通报批评；需要对负有责任的领导人员和直接责任人员追究责任的，依法向有权机关提出处理建议。

公民、法人或者其他组织认为行政机关未按照要求主动公开政府信息或者对政府信息公开申请不依法答复处理的，可以向政府信息公开工作主管部门提出。政府信息公开工作主管部门查证属实的，应当予以督促整改或者通报批评。

第四十八条 政府信息公开工作主管部门应当对行政机关的政府信息公开工作人员定期进行培训。

第四十九条 县级以上人民政府部门应当在每年1月31日前向本级政府信息公开工作主管部门提交本行政机关上一年度政府信息公开工作年度报告并向社会公布。

县级以上地方人民政府的政府信息公开工作主管部门应当在每年3月31日前向社会公布本级政府上一年度政府信息公开工作年度报告。

第五十条 政府信息公开工作年度报告应当包括下列内容：

（一）行政机关主动公开政府信息的情况；

（二）行政机关收到和处理政府信息公开申请的情况；

（三）因政府信息公开工作被申请行政复议、提起行政诉讼的情况；

（四）政府信息公开工作存在的主要问题及改进情况，各级人民政府的政府信息公开工作年度报告还应当包括工作考核、社会评议和责任追究结果情况；

（五）其他需要报告的事项。

全国政府信息公开工作主管部门应当公布政府信息公开工作年度报告统一格式，并适时更新。

第五十一条 公民、法人或者其他组织认为行政机关在政府信息公开工作中侵犯其合法权益的，可以向上一级行政机关或者政府信息公开工作主管部门投诉、举报，也可以依法申请行政复议或者提起行政诉讼。

第五十二条 行政机关违反本条例的规定，未建立健全政府信息公开有关制度、机制的，由上一级行政机关责令改正；情节严重的，对负有责任的领导人员和直接责任人员依法给予处分。

第五十三条 行政机关违反本条例的规定，有下列情形之一的，由上一级行政机关责令改正；情节严重的，对负有责任的领导人员和直接责任人员依法给予处分；构成犯罪的，依法追究刑事责任：

（一）不依法履行政府信息公开职能；

（二）不及时更新公开的政府信息内容、政府信息公开指南和政府信息公开目录；

（三）违反本条例规定的其他情形。

第六章 附则

第五十四条 法律、法规授权的具有管理公共事务职能的组织公开政府信息的活动，适用本条例。

第五十五条 教育、卫生健康、供水、供电、供气、供热、环境保护、公共交通等与人民群众利益密切相关的公共企事业单位，公开在提供社会公共服务过程中制作、获取的信息，依照相关法律、法规和国务院有关主管部门或者机构的规定执行。全国政府信息公开工作主管部门根据实际需要可以制定专门的规定。

前款规定的公共企事业单位未依照相关法律、法规和国务院有关主管部门或者机构的规定公开在提供社会公共服务过程中制作、获取的信息，公民、法人或者其他组织可以向有关主管部门或者机构申诉，接受申诉的部门或者机构应当及时调查处理并将处理结果告知申诉人。

第五十六条 本条例自2019年5月15日起施行。

索引